地方显学

徽州文化特色与形态

肖东发 主编 台运真 编著

中国出版集团

现代出版社

图书在版编目（CIP）数据

地方显学：徽州文化特色与形态 / 台运真编著. —
北京：现代出版社，2014.5（2019.1重印）
　ISBN 978-7-5143-2426-6

　Ⅰ．①地… Ⅱ．①台… Ⅲ．①地方文化－研究－徽州
地区 Ⅳ．①G127.542

　中国版本图书馆CIP数据核字（2014）第085401号

地方显学：徽州文化特色与形态

主　　编：肖东发
作　　者：台运真
责任编辑：王敬一
出版发行：现代出版社
通信地址：北京市定安门外安华里504号
邮政编码：100011
电　　话：010-64267325　64245264（传真）
网　　址：www.1980xd.com
电子邮箱：xiandai@cnpitc.com.cn
印　　刷：三河市华晨印务有限公司
开　　本：710mm×1000mm　1/16
印　　张：9.75
版　　次：2015年4月第1版　　2021年3月第4次印刷
书　　号：ISBN 978-7-5143-2426-6
定　　价：29.80元

　　党的十八大报告指出："文化是民族的血脉，是人民的精神家园。全面建成小康社会，实现中华民族伟大复兴，必须推动社会主义文化大发展大繁荣，兴起社会主义文化建设新高潮，提高国家文化软实力，发挥文化引领风尚、教育人民、服务社会、推动发展的作用。"

　　我国经过改革开放的历程，推进了民族振兴、国家富强、人民幸福的中国梦，推进了伟大复兴的历史进程。文化是立国之根，实现中国梦也是我国文化实现伟大复兴的过程，并最终体现为文化的发展繁荣。习近平指出，博大精深的中国优秀传统文化是我们在世界文化激荡中站稳脚跟的根基。中华文化源远流长，积淀着中华民族最深层的精神追求，代表着中华民族独特的精神标识，为中华民族生生不息、发展壮大提供了丰厚滋养。我们要认识中华文化的独特创造、价值理念、鲜明特色，增强文化自信和价值自信。

　　如今，我们正处在改革开放攻坚和经济发展的转型时期，面对世界各国形形色色的文化现象，面对各种眼花缭乱的现代传媒，我们要坚持文化自信，古为今用、洋为中用、推陈出新，有鉴别地加以对待，有扬弃地予以继承，传承和升华中华优秀传统文化，发展中国特色社会主义文化，增强国家文化软实力。

　　浩浩历史长河，熊熊文明薪火，中华文化源远流长，滚滚黄河、滔滔长江，是最直接的源头，这两大文化浪涛经过千百年冲刷洗礼和不断交流、融合以及沉淀，最终形成了求同存异、兼收并蓄的辉煌灿烂的中华文明，也是世界上唯一绵延不绝而从没中断的古老文化，并始终充满了生机与活力。

　　中华文化曾是东方文化摇篮，也是推动世界文明不断前行的动力之一。早在500年前，中华文化的四大发明催生了欧洲文艺复兴运动和地理大发现。中国四大发明先后传到西方，对于促进西方工业社会的形成和发展，曾起到了重要作用。

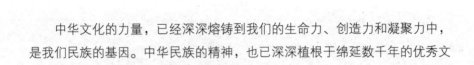

　　中华文化的力量，已经深深熔铸到我们的生命力、创造力和凝聚力中，是我们民族的基因。中华民族的精神，也已深深植根于绵延数千年的优秀文化传统之中，是我们的精神家园。

　　总之，中华文化博大精深，是中国各族人民五千年来创造、传承下来的物质文明和精神文明的总和，其内容包罗万象，浩若星汉，具有很强的文化纵深，蕴含丰富宝藏。我们要实现中华文化伟大复兴，首先要站在传统文化前沿，薪火相传，一脉相承，弘扬和发展五千年来优秀的、光明的、先进的、科学的、文明的和自豪的文化现象，融合古今中外一切文化精华，构建具有中国特色的现代民族文化，向世界和未来展示中华民族的文化力量、文化价值、文化形态与文化风采。

　　为此，在有关专家指导下，我们收集整理了大量古今资料和最新研究成果，特别编撰了本套大型书系。主要包括独具特色的语言文字、浩如烟海的文化典籍、名扬世界的科技工艺、异彩纷呈的文学艺术、充满智慧的中国哲学、完备而深刻的伦理道德、古风古韵的建筑遗存、深具内涵的自然名胜、悠久传承的历史文明，还有各具特色又相互交融的地域文化和民族文化等，充分显示了中华民族的厚重文化底蕴和强大民族凝聚力，具有极强的系统性、广博性和规模性。

　　本套书系的特点是全景展现，纵横捭阖，内容采取讲故事的方式进行叙述，语言通俗，明白晓畅，图文并茂，形象直观，古风古韵，格调高雅，具有很强的可读性、欣赏性、知识性和延伸性，能够让广大读者全面接触和感受中国文化的丰富内涵，增强中华儿女民族自尊心和文化自豪感，并能很好继承和弘扬中国文化，创造未来中国特色的先进民族文化。

青本光

2014年4月18日

文明开化——古老历史

文化奠基——好学文风

守护之魂——徽州拾英

文化底蕴——艺苑民风

古老历史

徽州指的是古徽州，位于黄山脚下，古称"新安"，1121年宋代在此设立徽州府，新安遂改名"徽州"。范围包括古徽州一府六县，六县为：歙县、黟县、婺源、休宁、祁门、绩溪。其中婺源后来划归江西管辖。

徽州历史悠久，文化发达，有着数不尽的青山绿水，自古以来，徽州就以山雄奇、水丰饶而名动天下，世世代代的徽州人生活在这片灵山秀水间，用自己的聪明才智和勤奋劳动，创造出极其辉煌的文明。

一府六县的历史渊源

　　据出土文物和遗址考证，早在6000年前，绩溪徽岭就有人类活动。距今约四五千年前的商周时期，古徽州这块土地上的土著先民已相当活跃，古徽州早期文化与周边文化发展基本同步。

■徽州老街牌坊

■ 徽州古建筑

　　据我国最古老的地理著作《尚书·禹贡》记载，大禹治水之后，把中国东部划分为冀、兖、青、徐、扬、荆、豫、梁和雍九州，古徽州划归扬州之域。

　　古徽州春秋时期属于吴国，吴国灭亡后属于越国，战国时属于楚国。因处吴楚之间，故有"吴楚分源"和"吴头楚尾"之称。婺源县北浙源乡浙岭脊上，至今仍有"吴楚分源"石碑。

　　公元前221年至前206年，秦统一中国后，秦始皇沿用春秋时秦、晋、楚等国的"郡县制"，即以郡统县的地方行政机构，推行于全国，分全国为36郡，每郡下设若干县。始置黝、歙两县，先属会稽郡，后属鄣郡。

　　公元前201年至公元前121年，黝、歙两县先后属荆国、吴国、江都国；公元前19年，在黝县建广德国，三年后即废。

《尚书》又称《书》《书经》，儒家经典之一，相传由孔子编撰而成。保存了商周特别是西周初期的一些重要史料，为一部多体裁文献汇编，是我国现存最早的史书。该书分为《虞书》《夏书》《商书》《周书》几部分。

《读史方舆纪要》原名《二十一史方舆纪要》，是清代初期顾祖禹独撰的一部巨型历史地理著作。该书具有浓厚的历史军事地理学特色，其核心在于阐明地理形势在军事上的战略价值。该书有关历代州域形势部分，综述明以前各代州郡位置、形势，及其与用兵进退之策和成败的关系。

地方显学

徽州文化特色与形态

208年，吴国时划歙县东乡为始新县，南乡为新定县，西乡为黎阳县和休阳县，加黟、歙两县共六个县，建新都郡，治所始新县，始新县今浙江省淳安。此时为本地区设郡的开始。

258年，休阳县改为海阳县。280年，新都郡首次改名为新安郡。因此，新安文化由此起始，后有新安各学派。

据《读史方舆纪要》，祁门县西乡有新安山，"奇秀甲于群山，为郡之胜"，"相传郡名新安以此"。仍辖六个县，所属新定县改为"遂安县"，海阳县改为"海宁县"。

464年，黎阳县并入海宁县，新安郡辖歙、黟、海宁、遂安和始新五个县。522年，划吴郡寿昌县归新安郡。553年，新安郡改为新宁郡，辖海宁、黟、歙、黎阳四县，治所海阳，归扬州管辖。

589年，又复设新安郡，废黟、歙两县入海宁县，划归婺州管辖。后来复黟、歙两县，置歙州，州

■ 徽州黎阳民居

治黟县。再后来，改海宁县为休宁县。607年，改歙州再复新安郡，领休宁、黟、歙三个县，郡治休宁县。

621年，又改新安郡为歙州，州治歙县。740年，划休宁县西乡和乐平县怀金乡建婺源县，属歙州。759年，置浙江西道观察使，歙州归其管辖。

766年，划歙、休宁两县设归德县，划黟县赤山镇和饶州浮梁县一部设祁门县，划歙县华阳镇设绩溪县，隶宣歙池观察使。

■徽州古建筑

770年，废归德县地复归歙、休宁两县，歙州领黟、歙、祁门、休宁、婺源、绩溪六个县，始有"一州六县"建置。

1121年，改歙州为徽州，州治歙县。何以名为"徽"，据《徽州府志》记载：一是以绩溪县有徽岭、徽山而名；二是"取绩溪之大徽村为名"；三是以孔传"徽，美也"，故以为名，以徽赞歙州之美。从此有了"徽州"之名及其所辖六个县建置，开徽州文化新局面。

1277年，改徽州为徽州路，隶江浙行中书省建康道。1357年，改徽州路为兴安府。至1364年，改兴安府为徽州府，辖六个县不变。从此，徽州即为"一府

中书省 古代官署名。封建政权执政中枢部门，汉代始设中书令，魏国建秘书监，晋代以后称"中书省"，为秉承皇帝意旨，掌管机要、发布政令的机构。宋元时中书省设中书令和中书丞相，明清时期废置。

《太平寰宇记》

宋太宗赵炅时地理总志。共200卷，是继《元和郡县志》后又一部现存较早较完整的地理总志。前171卷依宋初所置河南、关西、河东、河北、剑南西、剑南东、江南东等13道，分述各州府的沿革、郡县、州府境、户口、风俗、土产及所属各县的概况等。后29卷，记述周边各族。

六县"。

明太祖朱元璋时期，仍为徽州"一府六县"，治所歙县，历经明代和整个清代，直至1912年废府留县，徽州"一府六县"的建置长达540多年而未变。

自秦设黟、歙两县，迄今已有2200多年；自晋太康置新安郡，迄今近1800年。这是"徽州"的历史渊源。

歙县自公元前221年秦始皇推行郡县制设置县开始，统领古徽州数千年。

《太平寰宇记》记载："歙，翕也，谓山水翕聚也。"

清代地理著作《皇朝直省府厅州县歌括》记载："徽州府在省极南，所辖六县歙为首。"

黟县历史悠久，已有2200多年的历史，取义于黄山旧名"黟山"。汉代以前称"黟县"，古称

■徽州古镇

■休宁祖源

"黝"，208年改黝为黟。

婺源被誉为"山阜崛起之雄，贤哲挺生之异，实为海内灵奥名区。大江以南以声名文物著称，于是为最"。据《婺源县志》记载："以婺水之源，因名。"因其自古文风昌盛，被誉为"东南邹鲁"。

绩溪历史久远，在这片神圣的土地上，早在新石器时代就有人类活动的踪迹，逐渐产生了古朴蛮荒的山越文化。绩溪县由来的说法：

一是绩溪境内山溪交错萦流，以此地理特征为名；二是《清史稿·地理志》记载：绩溪城东有名为"绩溪"，源出扬溪，与徽水交流如绩，县名昉此；三是《太平寰宇记》记载：绩溪县有临溪石，在县北三里临溪岸，方圆二丈，其平如砥，溪水甚宜浣纱。数里内妇女悉来浣纱，去家既远，遂于石上绩而守之。春时多丽服，群绩于此，虽不浣纱者也有从而会绩焉。县名亦取绩之义。

休宁县于208年设置县，已有1800多年历史。休宁之名源于县城附近的灵鸟山，该山原名"鸺山"，208

《清史稿》正史《清史》的未定稿，全书536卷，其中本纪25卷，志142卷，表53卷，列传316卷，以纪传为中心。所纪之事，上起1616年清太祖努尔哈赤在赫图阿拉建国称"汗"，下至1911年清朝灭亡，共296年的历史。

■休宁徽派建筑

年孙吴政权曾于其南置县，称之为"鸺阳县"，不久就简化成休宁县。

598年，隋文帝取休阳、海宁各一字钦定县名，含"吉庆平宁"之意。休宁历来以文风之盛、林茶之富而蜚声海内外。

祁门原为歙州黟县和饶州潘阳两县地，后改新昌县，742年，又改浮梁县。766年，分黟县西南乡和浮梁县东北乡，置祁门县。

据《续文献通考》记载："以其县东北有祁山，西南有阊门，乃合名祁门。"祁门素有"九山半水半分田，包括道路和庄园"之名，因生态特色与乡土文化著称，素有"茶戏之乡"的美誉。

阅读链接

休宁是状元故里，人文底蕴厚重，据《休宁县志》记载，宋元明清时期以来，休宁有14所书院，其中怀古书院十分有名。休宁宋代时出进士160人，明代出进士68人，清代顺治时期，出进士191人，贡生378人，举人480人。

状元是我国古代读书人梦寐以求的最高成就，休宁有"我国第一状元县"之誉。从1217年至1880年的600余年间，休宁本籍与寄籍状元共计19名，居全国之首。

灵秀绮丽的徽州山水

徽州的山，峰峦重重，连绵起伏。黄山、天目山、白际山、五龙山是徽州的四大山脉。

黄山山脉主干沿北向西南伸展，绵亘150千米，东接皖浙交界的天目山，西南蜿蜒至江西境内，北与九华山相连接，南至屯溪盆地。主要分布于歙县、黟县、原太平县、绩溪、石台、旌德县之间，是长江

■黄山莲花峰

■黄山莲花峰

下游与钱塘江的分水岭。

　　黄山境内海拔1.4千米以上的高峰有：海拔约1.9千米的安徽最高峰莲花峰；光明顶海拔约1.9千米；天都峰海拔约1.8千米；仙桃峰海拔约1.7千米；桃花峰海拔约1.5千米；眉毛峰海拔约1.4千米等。

　　黄山山脉有三大支脉：一是牯牛降支脉，位于祁门县、石台县交界地带，最高峰牯牛降海拔1.7千多米；二是大会山支脉，地辖休宁、歙县、绩溪、太平、旌德县，最高峰上阳尖海拔约1.4千米；三是仙严岩山脉，位于绩溪、旌德县交界，最高峰仙严岩海拔约1.1千米。

　　黄山古称黟山，747年，唐玄宗下令改为"黄山"。黄山的总面积约为1200平方千米。黄山著名的有"三十六大峰"、"三十六小峰"。

　　实际上，黄山群峰，莫可计数。所以，黄山千峰峥嵘，万壑竞秀，风云变幻，大气磅礴，既有雄伟壮丽的奇景，又有妩媚动人的秀色。

　　黄山"四绝"名动天下，"四绝"是：灵秀奇特的怪石，苍劲多姿的奇松，变幻莫测的云海，水色晶莹的温泉。

　　黄山"四绝"之一的怪石，以奇取胜，以多著称。其形态可谓千奇百怪，令人叫绝。似人似物，似鸟似兽，情态各异，形象逼真。黄山怪石从不同的位置，在不同的天气观看情趣迥异。其分布可谓遍及峰壑巅坡，或兀立峰顶或戏逗坡缘，或与松结伴，构成一幅幅天然山石画卷。

黄山四季景色各异，春季繁花似锦，五彩缤纷；盛夏翠谷涌泉，绿荫翳日；金秋丹枫如火，山花溢芬；严冬雾凇冰挂，晶莹雅洁。

对于黄山的雄奇壮美，绚丽多姿，唐代大诗人李白赞美写道：

黄山四千仞，三十二莲峰。
丹崖夹石柱，菡萏金芙蓉。

明代地理学家、旅行家徐霞客两次登黄山。据清代闵麟嗣编《黄山志》记载，徐霞客认为"薄海内无如徽之黄山。登黄山天下无山，观止矣！"

黄山支脉牯牛降是黄山山脉向西延伸的主体，面积约30多平方千米。区内地层古老，地貌复杂，奇峰错列，谷岔丛生，茂林修竹，沟壑纵横，风光秀丽。

天目山脉位于绩溪县、歙县与浙江省临安县的交界处，长约25千米。最高峰清凉峰海拔1787米，因其气候特点而得名。

天目山脉千米以上的山峰有40余座，峰高入云，悬崖峭壁，奇松怪石，流泉飞

■黄山奇石

天目山脉

瀑，云雾苍茫。物种有国家保护的珍稀植物20余种、动物数十种。

白际山脉东北端在歙县与天目山交会，西南抵休宁县与五龙山相接，长约105千米。最高峰搁船尖海拔约1.5千米，在歙县与浙江临安县交界处。白际山诸峰如啸天龙、长岭尖、外溪岗、歙岭顶、石耳山、大连岭等，海拔都在1.2千米以上。

这些深山群落中，原始生态保护完整。白际岭一带村庄为典型山地聚落，高山密林，小村独立。宋代汪若作诗写道：

> 白际摩天秀，秋光满蓼汀。
>
> 山呈金字面，田画井文形。

五龙山脉是祁门县、休宁县与婺源县主要分界山。钱塘江水系和鄱阳湖水系的分水岭。全长76千米，宽11千米。最高峰六股尖海拔约1.6千米，是休宁县境内的最高峰，其东北是钱塘江正源新安江的发源地。

环绕着黄山、天目山、白际山、五龙山脉的群峰数以千计，崇山峻岭，遥相呼应，层峦叠嶂，跌宕起伏，巧夺天工地造成了或巍峨壮观、气势雄伟，或怪石嶙峋、瑰奇秀丽，或古木参天、珍稀物种的不胜枚举的胜景。

齐云山与黄山遥遥相望，在休宁县城西15千米处，原名为"白岳山"，明代嘉靖年间改名为"齐云山"。该山海拔585米，占地面积约为110平方千米，该山有36座奇峰，72座怪崖，24个山涧，16个洞穴和许多池、泉、瀑等。清代乾隆皇帝称之为"天下无双胜境，江南第一名山"。

齐云山还是著名的道教活动中心，明代嘉靖皇帝下令修建的"玄天太素宫"是道士和香客向往的朝拜圣地。千百年来，许许多多的文人骚客慕名而来，李白、朱熹、朱升、唐寅等人都来过此地。

他们寄情于峰岩之上，或赋诗题词，或树碑为记，留下了极为丰富的珍贵的文化遗产。

道教 又名"道家"、"黄老"等，是我国土生土长的固有宗教。道教以"道"为最高信仰，追求自然和谐、国家太平、社会安定、家庭和睦，充分反映了中国人的精神生活、宗教意识和信仰心理。

■齐云山风光

■ 新安江畔

朱熹（1130年—1200年），字元晦，一字仲晦，号晦庵、晦翁、考亭先生、云谷老人、沧洲病叟、逆翁。南宋著名的理学家、思想家、教育家、诗人，闽学派的代表人物，世称朱子，是孔子、孟子以来最杰出的弘扬儒学的大师。

徽州的水源远流长，千回万转。以黄山山脉为界，南坡有流向东南钱塘江流域的新安江水系，流向西南鄱阳湖的阊江水系、乐安江水系；北坡有直接流入长江的水阳江、青弋江、秋浦河水系。

新安江为安徽境内除长江、淮河以外的第三大河，是徽州的母亲河，是钱塘江的上游。源头有两大支流：南支称"率水"，为新安江正源，源于休宁境内五龙山脉六股尖；北支称"横江"，源于歙县五溪山主峰白顶山。两支流在屯溪黎阳汇合，故有"屯溪"之名。屯溪至歙县浦口一段称"渐江"，后统称"新安江"。

新安江一直以水色美著称，江水四季澄碧，清澈见底，夹江两岸，群山蜿蜒，翠岗重叠，谷多飞瀑流泉。山水之间还分布着许多名胜古迹，与掩映其间的粉墙黛瓦的古村落、古民居交相辉映，可谓画里青山，水中乡村，构成了一幅美妙的山水水墨画。

阊江位于石台县、祁门县，发源于历山山麓，属鄱阳湖流域的饶河水系，境内流域面积1893平方千米。主要支流有大北河、闪里河、新安河等。

水阳江分布于绩溪、旌德县境内，流域面积为478平方千米，主要支流有璧溪、姚溪，流入宁国境内的西津河后注入水阳江。

青弋江分布于绩溪、旌德、黟县、祁门县和石台县境内，发源于黄山北坡，由西南向东北汇入长江，流域面积1586平方千米。主要支流有徽水、秧溪河、麻川河、婆溪河、宏溪和长河等。

秋浦河发源于祁门县大洪岭，向东北流向石台县，向北流经贵池，注入长江。境内流域面积近千平方千米。主要支流有鸿陵河、梅溪河、公信河等。

古徽州万山环绕，崇山峻岭，滩高水急，道路艰

水墨画 我国传统绘画的一种形式。基本的水墨画，仅有水与墨，黑与白色，后来的水墨画也包括工笔花鸟画，色彩缤纷。水墨画的特点是：近处写实，远处抽象，色彩单调，意境丰富。

■秋浦河

难，入徽不易，使徽州与世隔绝。但是，对徽州人来说，徽州水是开放的，走出徽州并不困难。

新安江、闾江、秋浦河、青弋江等这些古老的河流，奔流而出，使徽州人得以顺流而下，通往浙江、江西，以及经过长江、古运河通往江苏和全国各地。至今还有许多水路码头，如歙县的渔梁、深渡，休宁的万安、溪口，祁门的历口、渚口，黟县的渔亭，绩溪的临溪等，在历史上，它们曾经非常繁华和喧闹。

这些河流不仅是古代徽州经济的重要通渠，也是古徽州文明的大通道。古代徽州人就是在这万千的青山秀水中孕育出灵秀，孕育出智慧，最终创造了辉煌的物质文明和精神文明。

阅读链接

"五老上天都"巧石是黄山一处著名的景点。

相传，从东南西北中来了赵钱孙李周5位向玉皇大帝讨封的半仙。半仙只要上了天都，跨进灵霄宝殿，朝拜玉皇大帝，经过钦点便可位列仙班。五位半仙走过半山寺，越过龙蟠坡，如履平川。看天都在望，仙位唾手可得，心里乐开了花。他们又个个都是做联句诗的高手，不禁相互唱和起来：

赵半仙首先开口道："夏不衣绸缎，冬不着皮装。"

钱半仙续上一句："荤腥我无缘，终年食甘蔬。"

孙半仙接着说："不慕广华厦，栖居陋室久。"

李半仙则说："饭后百步走，劳役自动手。"

周半仙笑着说道："心胸坦荡荡，无愁又无忧。"

这5位半仙老翁万万没想到这些话是"泄露天机"，违犯了天规。玉皇大帝一面切断这五位半仙上天都的去路，一面又将他们点化成一组寸步难行的石头，这就是"五老上天都"巧石的来历。

历史上歙县、黟县、婺源、休宁、祁门、绩溪曾长时间属于古徽州，这在我国历史上是不多见的。古徽州的历代先贤和人民群众在这块土地上共同缔造了一个内涵广博深邃、内容丰富多样的地域文化，即徽州文化。

徽州社会和文化是在南宋以后崛起，明清时期达到鼎盛与繁荣，清代末期以后衰退的。

其内涵广博深邃，内容多样独特，文化流派纷呈，在很多领域都处于领先位置，是我国封建社会后期传统文化的先锋和代表。与很多传统文化不同，徽州文化在崛起之初，就显现出强劲的势头，可谓强劲发轫。

好学文风

影响深远的宗族制度

　　周代，我国的宗法社会制度是以家族为中心，按血统、嫡庶组织、法则统治社会，维护贵族世袭统治的宗法社会制度。后来逐渐及于中、小贵族，以至于庶民之间。

徽州古镇

■ 徽州歙县民居

中原地区的名门望族迁入徽州封闭的区域以后，效法和演绎宗法制，形成以宗族为中心、以血缘为纽带、以男子为首要地位的宗族制度，经宋元代至明清时期得到进一步稳固和发展，使徽州成为一个封建宗法社会的缩影。

徽州的宗族势力氛围，是徽州人赖以立身处地的基本社会环境，它严格规范和深刻影响着徽州人的各种社会活动。

徽州以姓氏为基础，划地聚居，而且世代相沿，一村一姓现象普遍。

如歙县篁墩为程氏世居，据《岑山渡程氏支谱》记载，程氏位列《新安大族志》之首，而"新安程氏，自篁墩始，四十四派，悉在于此"；歙县棠樾为鲍氏世居，唐模为许氏世居，雄村为曹氏世居，潭渡为黄氏世居；黟县西递为胡氏世居，屏山为舒氏世

中原 是指以河南省为核心延及黄河中下游的广大地区，中原地区是中华文明的发源地，被古代华夏民族视为"天下中心"。古人常将"中国"、"中土"、"中州"用作中原的同义语。中原地域随着华夏民族的大融合，以及中原文明的扩展而有所蔓延。

徽州宗族祠堂

居；绩溪西关为章氏世居，上庄为胡氏世居等。

这些村庄不准别的姓氏迁入，甚至连外村婚丧迎娶，路经此村也不能进村，也只能绕村过去。

徽州的大姓宗族组织结构严密。典型的宗族结构是全族有族长一人；族以下按血缘亲疏分为若干房，设房长；各房领有数个至数十个家庭，每个家庭有家长。

族长的产生，有的如《清高宗实录》中指出的是"所举族长，皆系绅衿土豪"；或有的是"择合族所共服者公举之"，似乎是由族中各房"老者"民主选举产生。

实际上，族长不完全凭辈分或年龄，也不都是德高望重的人，很多族长由族中有钱有势者担当。族长之下设有若干名目不同的助手，分管礼仪、财务、教化等方面事务。

族长是一个宗族的代表，既代表活着的全族人丁，又代表逝去的祖先，秉承祖先旨意。因此，他可以以祖先的名义、宗族名义向全族人发表训诫、发号施令，又代表全族人管理族产，表彰善行，调解纠纷，惩处违犯族规族约的行为。

祠堂可以说是徽州宗法制度的集中体现，是祭祀的圣堂，又是维系宗族团聚的纽带，同时还是规矩行为、激励后进的场所。徽州各宗族对祠堂极为重视。

《歙县志·风俗》记载："邑俗旧重宗法，姓各有祠，支分派别，复为支祠。"《程典·本宗列传》记载："举宗大事，莫最于祠。无祠则无宗，无宗则无祖。"

"祠"是指祭祀祖先和举族进行重大活动的场所，指的是"宗祠"。徽州宗祠源远流长，早在唐宋时期就已出现，但大都是家祠、家庙，不是严格意义上的宗祠。

徽州的一些大姓，家庭数目不断增长扩大，宗族中分化出一个个按血缘远近组成次级宗族组织，他们有独立的宗祠、财产和本支家谱。

这些分支余脉遍布徽州一府六县，而数百年世系不变，谓之"纯族"，他们因而往往有几座甚至几十

教化 是一种政治、道德和教育三者有机结合的统治术。它把政教风化、教育感化、环境影响等有形和无形的手段综合运用起来，既有皇帝的宣谕，又有各级官员面命和行为引导，还有立功德碑、树牌坊、传播通俗读物等多种形式，向人们正面灌输道理，又注意结合日常活动使人们在不知不觉中达事明理。

文化奠基

好学文风

■徽州宗族祠堂

天井 四面有房屋、三面有房屋另一面有围墙或两面有房屋另两面有围墙时中间的空地。一般为单进或多进房屋中前后正间中,两边为厢房包围,宽与正间同,进深与厢房等长,地面用青砖嵌铺的空地,因面积较小,光线为高屋围堵显得较暗,状如深井,因此称之为天井。

座祠堂。至清代徽州一府六县的大、小祠堂数量,据考察的不完全统计,约有6万余座。

在徽州,可以说有村落的地方就有祠堂,祠堂林立,富丽堂皇,遥相呼应,远近相望,是徽州一个重要和独特的景观。

宗祠是古代徽州最高大、最辉煌的建筑。

大多是三进,第一进为"仪门",由大门和过厅组成,大门后是天井,天井中间有石板铺设的过道,过道两侧各植一棵柏树,象征宗族兴旺发达。

第二进为"享堂",是宗祠的主体部分,作为祭祀祖先和处理本族大事的场所,建筑高大雄伟,气派壮观,大姓宗祠的厅堂能容纳千人,小姓的也可容纳数百人。

第三进称"寝殿",是供奉祖先牌位之所,是最重要的部分,寝殿地基高出祠堂享堂丈余,表现

■徽州宗族祠堂

■ 徽州胡氏宗祠

祖先居于至高地位。祭祖时要沿高高石阶拾级而上，表现尊祖敬神的虔诚。整个祠堂从大门至寝殿，由低至高，循序渐进，给人们以庄严肃穆、神圣威严的感觉。

宗祠里祖先神位的排放是有讲究的。据《礼记·祭统》记载："昭穆者，所以别父子远近长幼亲疏之序也。"

即祖先牌位次序是始祖居中，其他依昭、穆左右排列。始祖之后的第一代为昭，第二代为穆。

以后的第三、五、七以至下推于任何奇数代为昭，排列于始祖神主之左。第四、六、八以至下推于任何偶数代为穆，排列于始祖神主之右。

祖先神主位置的稳定性，以尊卑为依据分为两种情况：一类属于尊长，包括始祖、创建宗族的数代祖

《礼记》 我国古代一部重要的典章制度书籍，又称《小戴礼记》。内容广博，门类杂多，涉及政治、法律、道德、哲学、历史、祭祀、文艺、日常生活、历法、地理等诸多方面，集中体现了先秦儒家的政治、哲学和伦理思想，是研究先秦社会的重要资料。

徽州宗族祠堂

先和有功有德的祖先神主，永远被供奉在神龛内，永远享受后代子孙的祭礼和膜拜；一类属于卑者，即没有建树的祖先神主。在五世后也就是玄孙死后，高祖的神主即从宗祠迁出。

祭祀祖先，一般分为冬、春两祭，春在春分，冬在冬至日，尤以冬祭最为隆重。

祭祀时正厅中高挂祖先画像，供桌上摆上供品，在族长主持下，按规定程序，鼓乐齐鸣，燃放爆竹，焚香烧纸，行跪拜礼。

祭祀结束，由族长训话，报告一年大事和财物收支情况；最后是会餐，称谓"族食"、"分胙"、发丁饼和把祖宗享用过的祭品分与族众。

神主是寄托祖先形体与精神的偶像。通过祭祀仪式，意在使后代子孙与祖先在心灵上得以沟通。族人共同祭祀祖先，意在增强同宗同族同源同根意识，祠堂和祖宗崇拜，还为族长的族权保障提供了宗教性基础。

宗祠的第二个职能是商议、处理本族大事，族中长辈、乡绅构成宗族的领导层。

大凡赈灾、兴学、修桥筑路、调解族内纠纷等大事，都在祠堂议决。对违背族规族约的惩戒，也在祠堂进行，以示祖先旨意。"革胙"、"停胙"，剥夺享有祭品的权利，也是一种精神惩罚，意味着割断了与祖先的精神联系的途径，被视为不肖子孙而遭受歧视。

祠堂还作为唱戏、看戏等大型娱乐活动场所。一般是在大门后搭上戏台，面对大厅。戏台有固定的，也有临时搭建的。

宗祠的日常管理，由族长指定守祠人专门看管。守祠人一般是由佃仆担任，其职责包括祠堂保护、清扫、祭器保管、桌椅整理等。为此，一般祠堂大门的两边有厢房，作为祭祠时分胙和平常作为守祠人居住之用。

徽州各宗族对修族谱非常重视，作为一件神圣的事业，或10年，或20年，或30年编修一次。

《盘川王氏宗谱·凡例》记载："族之有谱犹国之有史，国无史不立，族无谱不传。"这项工作大都是由本族中取得科举功名的人主持，如本族中没有功名者，则推举有德行和有文化修养的人承担，还有请外姓有文化的人帮助修订。

有的宗族平时还置有添丁簿，"除6岁外，不论贫富，曾否上清明，俱登乳名、官名、嫡庶姓氏、生平年月，用备查考"，为以后修大谱做资料上的准备。

孩子出生后，他的辈分早已排在了宗谱的"行辈歌"里，大人为之取名也就有据可循了。"行辈歌"是徽州宗族为便于支丁取名特别编制的一种歌谣，以保证宗族子弟的昭穆世次明确不乱。在"行辈歌"里，每个字代表一个辈分，读来朗朗上口，容易记忆。

族谱

■徽州古镇祠堂

谱牒 是记载某一宗族主要成员世系及其事迹的档案，它以一定的形式记载了该宗族历史，其形式和内容集中了档案学、历史学和文化人类学等学科的旨要。谱牒的起源经历了一个从简单至繁杂、从低级至高级的发展过程。

在徽州，几乎每个姓氏都拥有清楚的脉络。徽州当地，历来就有"徽州八大姓"和"新安十五姓"的说法。

所谓八大姓，是指的"程、汪、吴、黄、胡、王、李、方"诸大姓，再加上洪、余、鲍、戴、曹、江和孙诸姓，则称为"新安十五姓"。

这些聚族而居的家族组织都有一部甚至数部族谱。每个徽州人，在这样的家族背景下，几乎都对自己的来历如数家珍。这些族谱从一个侧面反映了徽州的社会发展史。

徽州各宗族还注重对谱牒的修撰。谱牒的修撰是为了明世系，对"家系"的确认便成为族谱的中心内容。通过父子的连续链，每个人便和一代又一代的先祖联结起来，同时确定了每个人在血缘共同体中与其宗族成员的亲疏远近关系，宗族成员就有了归属观念、同源观念。

正如《贞白遗稿·蜀川陈氏宗谱序》所指出：

> 使后世子孙知其所自，冠婚丧祭之会，喜忧庆吊，尊其尊而长其长。老吾老而幼吾幼。亲亲之义，循循有序，礼义之风蔼如也！

族谱起着维护血统的作用。在族谱的表格体系中任何血缘不同的人都有被排除在外的。即使某男人，幼时随母改嫁到另一家为人子，从家庭概念来说，他已属于新家庭成员，甚至于改为外姓。但是，他与外姓并无血缘关系，在外姓是被禁止写入族谱的，而他原来籍贯所属的姓氏在修谱时一般还要把他列在生父名下，仍属原姓宗族一员，长大成人后还要认祖归宗。

阅读链接

在徽州，胡氏宗祠十分有名。它坐落于绩溪县瀛洲的一片开阔地上。环山抱水，坐北朝南，前后三进，由影壁、平台、门楼、庭院、厢房、寝室、特祭祀等九部分组成。胡氏宗祠始建于宋代，明代嘉靖年间大修，主持修缮的，就是当时的兵部尚书胡宗宪。

宗祠采用中轴线东西对称布局的建筑手法，气势磅礴，蔚为壮观。跟其他家族祠堂一样，胡氏祠堂也有着天井，喻义是"四水归堂"，但天井在祠堂里，还有着更深一层的意思，那是象征着人丁兴旺，家族源远流长，如天水一样长流不息。这样的宗祠显示出了胡氏家族的辉煌，足以让胡氏的后代子孙产生一种荣耀感。

文风昌盛的古代教育

　　徽州文化博大精深，这与徽州文风昌盛、教育发达有着紧密的联系，正是由于徽州教育源远流长、读书风气浓郁、名人辈出，徽州才会持续创造出极其辉煌的文化成果。

　　唐宋时期是徽州教育兴起与发展时期，徽州府学始建于唐代，所

■徽州明训书院远景

■徽州明训书院

辖各县也在北宋和南宋先后建立了县学。南宋时期徽州还出了大教育家朱熹，其教育思想对徽州产生了极为深刻的影响。随着徽商的崛起，明清时期的徽州教育极为兴盛，书院私塾遍布城乡。

道光年间的《休宁县志》记载：

> 自井邑田野，以至远山深谷，居民之处，莫不有学、有师、有史书之藏。

徽州比较正规的学校教育，萌生于东汉时期光武时代，发展至唐代徽州教育勃然兴起。

徽州学府是唐代安徽立孔庙的四所学府之一，时称"歙州州学"，校址在州治歙县城东北隅。祁门县学梅桩书舍，始建于766年，是安徽最早的县学。

府学和县学是官办教育机构。其特点是教官由朝

孔庙 是祭祀我国伟大思想家、教育家孔子的祠庙建筑。孔庙为古代帝王所器重。其数量之多、规制之高、建筑技术与艺术之精美，在我国古代建筑类型中，堪称是最为突出的一种，是我国古代文化遗产中极其重要的组成部分。

■ 徽州明训书院正门

廷委派，它以培养科举人才为宗旨，教学内容主要是服务于科举的四书五经，它是读书人进身的必经之阶，在徽州极受人们重视。

与此同时，民间私学纷纷出现，办学形式有村塾、家塾等。义塾是捐资助学的教育形式。主要以氏族祠堂、庙宇地租收入或私人捐资等方式办学。

其特点是不收学费，家境贫寒子弟也可入学，属于民间独资的办学形式。家塾的特点是某户独资聘奉塾师在家中教育子弟，受教育者可足不出户。州、县学兴起，私学林立。

在元代，除设州、县学外，还以乡中每50户为一社，每社设社学一所。其特点是以地域为单位，官办民助。因为社学经费除官方出资以外，更主要的还是靠各乡族捐助。所以社学从形式上看起来是官办，实

科举 科举是我国古时王朝通过考试选拔官吏的一种制度。由于采用分科取士的办法，所以叫作"科举"。科举制从607年开始实行，至1905年举行最后一科进士考试为止，经历了1300多年。

际上却是官民结合的办学形式。

隋代首开科举选士制度，唐代秉承隋朝的制度，从622年开科取士，徽州学子从开科选士一开始，便被吸引，踊跃参加。

宋代是徽州教育发展的奠基时期。这个时期，徽州出现"大振文治"、府县皆"立学"的景象，对徽州教育发展产生了积极影响。

除已有的徽州府学和祁门县学外，休宁、黟县、婺源的县学也建立起来。绩溪县学、歙县县学也分别于1155年和1250年建立，至此，徽州6个县都有了县学。

书院是在北宋时期产生的一种重要的教育组织。北宋时期安徽有书院6所，其中徽州即有4所，绩溪、婺源各有两所。徽州最早的书院是1004年至1031年胡忠所建的绩溪桂枝书院。

书院是独立于官学制度之外的学校制度，又是与教育密切结合的学术研究机构。书院设置之初是私立的。政府为加强对书院的控制，逐渐由中央令地方政府设立。

历经元明时期，直至清代，一些地方的书院时兴时废。但在徽

徽州明训书院内部

户部尚书 古代官名，六部中户部的最高级长官，设置于汉代，唐代时正式称为"户部尚书"。户部尚书主要掌管国家经济，包括户口、税收、统筹国家经费等有关财政方面的事务。

州，商人和宗族财力比较雄厚，不但坚持私人和宗族捐资兴办书院，而且聘请了一批理学家和学者名流，自由研究学问，讲求身心修养，招来很多学子听众。

在徽州众多的书院中，以紫阳书院名气最大。1246年，徽州学子为纪念朱熹在府城歙县南门外始建，南宋理宗皇帝曾亲题"紫阳书院"匾额。

歙县雄村的竹山书院人才辈出。书院为雄村清代乾隆年间户部尚书曹文埴的先祖曹翰屏建于1756年。

雄村书院由清旷轩、文昌阁、桂花圃组成。当年曹氏族规定：凡族人中举者，可在庭院中植桂树一棵。众多的桂树，形成著名的"桂花厅"。

歙县末代翰林许承尧诗写道："吾乡昔宦达，首数雄村曹。"雄村仅曹姓一家，在明清两代，就出了54名举人，其中进士30名，举世无双。

黟县宏村南湖岸边有一座南湖书院。书院建于

■徽州宏村南湖书院

清代1814年，由志道堂、文昌阁、会文阁、望湖阁和祇园等组成。书院大厅巍峨壮观，"以文家塾"匾额高悬梁柱，两侧辅以"南峦环幽境，书声琅时云涌霞飞腾气势；湖波映秀色，桃源深处水流花放丽文章"对联。

■ 宏村南湖书院

宋代徽州脱颖而出的人才众多，突出人物如：休宁人查道，998年进士，宰相寇准荐授著作郎，历官左正言、刑部员外郎、龙图阁待制。

歙县人罗愿，1166年进士，历任赣州通判、鄂州知事，精博物之学，撰《新安志》。

明清时期，徽州人才济济，儒林文苑，百态千姿，他们在不同领域独树一帜，引人瞩目。他们学而优则仕，历代从中央到地方各级封建政权组织机构中，呈现了一个庞大的徽州籍官员网。

明清两代500多年，尤其是从明代中叶至清代中

宰相 我国古代最高行政长官的通称。"宰"的意思是主宰，商代时为管理家务和奴隶的官；周代有执掌国政的太宰，也有掌贵族家务的家宰，以及掌管一邑的邑宰。"相"，本义为相礼之人，字义有辅佐之意。辽代时始为正式官名。

叶的近400年间，是徽商的黄金时代，由于徽商重视振兴家乡教育事业，大力予以资助，使徽州教育发展进入别开生面的鼎盛时期。

明代徽州教育之盛，并不专从文试一途，而且在文采上稍逊于前期，但从各种途径涌现出来的人才，与学校教育有极大关系。

明代在学校教育内容及人才选拔上做了重大改革。

清代徽州6个县，出于为适应科举考试的需要，书院有所发展，新增14所，其中官办仅4所，仍以私办为主。清代徽州的初等教育特点是私塾林立，遍及广大农村。

1903年，自歙县、婺源开始，徽州各县创办的小学堂逐渐兴起，大量的是集资或个人所办的简易识字学堂、茶商小学等。

地方显学

徽州文化特色与形态

阅读链接

在徽州教育方面，徽商功不可没，他们以巨资投入振兴家乡文化教育事业。徽商热衷兴办书院，在办学院时，有捐款的，有捐田的。

在明清时期，徽州的办学经费是通过多渠道筹措的，其中徽商是最大的支持者。康熙、雍正、乾隆、嘉庆年间，徽商如日中天，发展势头旺盛，这个时期也是他们对徽州教育投资最大的时期。

如黟县集成书院，仅徽商黄真元即捐田630亩；婺源明经书院，胡澄兄弟捐田350亩；歙县紫阳书院，明正德年间，由知府张芹主持在紫阳山重建。

1709年，出身于盐商之家的曹文埴在原"文公祠"旧址复建"古紫阳书院"，呈现两紫阳书院并存。

1563年，黟县碧阳书院扩建，胡姓徽商一人即捐银15000两。这类事例，不胜枚举。

理学之大成的新安理学

理学是我国思想史上有重要地位和重大影响的学派，理学在新安的传播和影响尤为深远，世称"新安理学"。

新安理学是朱子学的重要分支之一，其奠基人是北宋理学家程颢、程颐和南宋理学家朱熹。程颢、程颐和朱熹的祖籍均为徽州歙县。也正由此，朱熹自称"新安朱熹"。

朱熹是新安理学的核心人物、集大成者。朱熹字元晦，一字仲晦，号晦庵、晦翁、考亭先生、云谷老人、沧州病叟、逆翁，南宋时

朱熹塑像

儒学 即儒家学说，我国的一种思想文化，起源于东周春秋时期，从汉代汉武帝时期起，成为我国社会的一种正统思想。随着社会的变化与发展，儒家学说从内容、形式至社会功能也在不断地发生变化与发展。

从文化源流上看，徽州文化是以孔孟儒学为主体的中原文化，而理学恰是集儒学之大成。

朱熹在接受程颐和程颢关于理学的思想观点后，加以发挥，建立了严密的理学思想体系。他融道家和禅学思想入儒学之中，他提出了"天"、"气"、"格物致知"、"知行合一"等一系列重要思想。

他认为"理"是至高和包罗一切的，其"致广大，尽精微，综罗百代"，故称"理学"。他还认为理和气不能相离，发展了程颢、程颐关于理气关系的学说。

新安理学的发展、演变大致经历了四个时期：

第一个是南宋形成时期。这一时期的重要代表人物有朱熹、程大昌、吴儆、汪莘、李缯、程永奇、吴

■朱熹蜡像

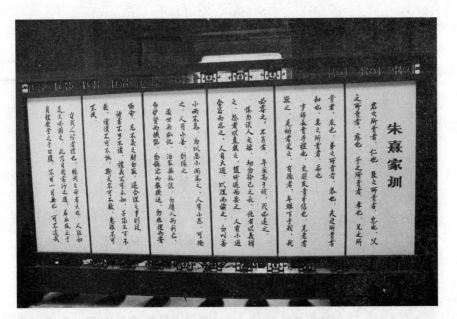

昶等人。他们环护在朱熹周围，精研性理之学，著书立说。

■朱熹家训屏风

第二是宋元之交与元代的发展时期。这一时期的主要代表人物有程若庸、胡方平、胡一桂、许月卿、陈栎、胡炳文、倪士毅、汪克宽等人。他们针对朱熹之后"异说"纷起的学术界状况，致力于维护朱子之学的纯洁性，将排斥"异论"、发明朱子学本旨作为学术研究的重心。

同时，元代新安理学家崇尚"气节"，不仕元代，将精力集中于讲学授徒，培养了一批有一定建树和影响的新安理学学者。此期的新安理学出现了人才辈出、学术研究深化和普及读物大量出现等新气象。

第三是元明时期与明代的盛极复衰时期。这一时期的主要代表人物有郑玉、朱升、赵汸、朱同、范准、程敏政、汪道昆、程文德、潘士藻等人。

道家 我国古代主要思想流派之一，是后世道教理论的重要基础之一。代表人物有老子、庄子等。道家以道、无、自然、天性为核心理念，认为天道无为、道法自然，据此提出无为而治、以柔克刚等思想论点，对我国乃至世界的文化都产生了较大的影响。

明代前期的郑玉、朱升、赵汸等人在批评元代理学家墨守门户、死抱师门成说的弊端的基础上，先后提出了求"本领"、求"真知"、求"实理"的新的治经主张。

并据此指导思想进行学术研究，形成了或"旁注诸经"发明朱子之学，或"和会朱陆"弘扬本门宗旨的不同学术风格。从学术研究的成就和特色来看，这是新安理学发展史上最丰富灿烂的时期之一。

明代中后期的新安理学学者因受"心学"影响，阐释朱子之学不力，整个学派出现萎靡不振的衰落迹象。

第四是清代终结时期。这一时期的重要代表人物有江永、戴震、程瑶田等人。他们在清初学风的影响下，倡导汉学，培养了一批以考据见长的新安经学家，最终实现了徽州地方学术从新安理学至徽派朴学的转变。

新安理学的主要著作，有解释程朱理学命题的《性理字训讲义》《太极图书》《近思录注》，阐发程朱学术思想的《四书发明》《书传纂疏》《礼记集成》《六典撮要》等。

《四书章句集注》是朱熹最有代表性的理学名著，其内容包括《大学章句》1卷，《中庸章句》1卷，《论语集注》10卷，《孟子集注》7卷。

■朱熹行书《论语集注》

太极 我国思想史上的一个重要概念，初见于《易传》。太极是阐明宇宙从无极而太极，以至万物化生的过程。无极即道，是比太极更加原始更终极的状态。太极后来被宋代的理学家以哲理方式进一步阐释。

朱熹认为"四书"完整地代表了由孔子经过曾参、子思传到孟子这样一个儒家道统，而二程和自己则是这一道统的继承和发扬者。因此，他费半生精力为四书分别作了注释，给《大学》区分了经传并重新编排了章节。

还将四书作为一部"套书"刊行，"四书"之名由此始定。注释中多发挥理学家的论点，较系统地反映朱熹作为集大成者的理学思想。

明清时期朝廷重视理学，《四书章句集注》成为官定的必读注本和科举考试的依据。这对于徽文化的自身发展及中华文化的变革都产生了深远影响。

从开创至繁盛，新安理学在徽州维系了几百年，对徽州社会文化的发展产生了很大影响。

朱熹曾三度回徽省亲，每次逗留数月，徽州跟随朱熹学习理学的人有很多。程朱理学成为徽州正统的学术思想，徽州学者对程朱理学更是信奉不移。

朱熹重视教育，大兴书院讲学之风。自己著书立说，形成了"读书穷理"的实践学风，提出"大疑则大进，小疑则小进"的观点。这在当时是极其难能可贵的。正是朱熹的这种"读书穷理"的思想，在徽州倡导了一种纯正的文风。

在这股纯正文风的影响下，缙绅之家往往自编教材，由父兄率子弟诵读理学家对理欲、心物、义

朱熹塑像

理、天人等概念的意义、关系的追问和逻辑论证，提升了徽州文化的理性思维，培养了深厚的理性主义传统。

新安理学家恪守朱熹的义利之辨，强调"天理为义，人欲为利"，颂扬"正其义不谋其利，明其道不计其功"思想。学子以之为书院之规，士夫以之为立身处世的教条。

徽州商人"贾而好儒"，以"仁义礼智信"为商业伦理，赢得了好的口碑，也带来了丰厚的回报。徽州曾出了不少民族志士，表现了坚贞不屈的气节，这一切都与新安理学有着紧密的关系。

新安理学还是徽州宗法制度的精髓。在徽州社会中，其宗法制度行天时地利，比其他任何一地都发育得饱满，究其原因乃是新安理学为其铺垫了良好的"温床"，打下了良好的基础。

阅读链接

朱熹为官，每到一处，总不忘建学校，兴教育，聚徒讲学。

1179年，朱熹在南康做官期间，修复了荒废已久的白鹿洞书院，并为书院制定了学规。在书院正式开讲的那一天，朱熹亲自为学生讲课。每逢休息日，他总是到白鹿洞去，与学生们一起研讨论辩，答疑解惑。

64岁时，朱熹被任命为知潭州荆湖南路安抚使。到任不久，他即着手重新修复岳麓书院。据记载，朱熹白天处理政务，尽其辛劳。到了晚上，则与书院的学生们讲论学术，随问而答，毫无倦色。

朱熹的讲学由于切记务实，切中时弊，又亲切诚恳，使听讲的学生们很受感动。一时间，岳麓书院成为三湘士子问道学经的圣地，当时来学习的人达到1000多人。

此外，朱熹还创办了武夷精舍、考亭书院等，为理学培养了大批人才。

贾而好儒的徽商文化

　　徽商文化是徽州文化最重要的组成部分，徽商文化历史悠久，徽州人在长期的经商过程中，形成了优良的文化传统，他们身上所体现出的儒家色彩，凝固成商界的特色形象，一直为人们所铭记。

徽商馆建筑

■ 徽商大宅院

丝绸 在古代，丝绸就是蚕丝织造的纺织品。现代由于纺织品原料的扩展，凡是经线采用了人造或天然长丝丝纤维织造的纺织品，都可以称为丝绸。而纯桑蚕丝所织造的丝绸，又特别称为"真丝绸"。我国汉族劳动人民是首先生产并使用丝绸的民族。

徽商又称"新安商人"、"徽州商人"、"徽帮"。徽人经商，源远流长，早在东晋时就有新安商人活动的记载，以后代代有发展，在明代时形成商帮集团，在清代达到鼎盛。

徽州自古以来，山多田少，土地瘠薄，农业上的收入不足以自给，这种生存条件的不足使徽州人想到了经商。另外，徽州地区有丰富的山货、茶叶等土特产资源，一定程度上也刺激了他们出去经商的想法。

还有一点十分重要，那就是徽州人思变的精神，他们敢于冲破世俗偏见，才使许多徽民成为徽商，正是这种转变才促成了徽商的鼎盛。

徽商人经商以盐、典当、茶木为最著名，其次为米、谷、棉布、丝绸、纸、墨、瓷器等。其中婺源人多茶、木商，歙县人多盐商，绩溪人多菜馆业，休宁人多典当商，祁门、黟县人以经营布匹、杂货为多。

徽商经营多取批发和长途贩运。他们把货物贩运到大江南北、黄河两岸，以至日本、暹罗、东南亚各国和葡萄牙，可以说行贾四方。

明代，盐的产量不高，盐成为最紧俏的商品。徽商中经营盐业的人很多，逐渐形成较大的规模。

当时在扬州的徽州盐商，或为场商，专向灶户收购食盐，或为运商，专门向外销售，可以说各有其生财之道。休宁人汪福光在江淮之间从事贩盐，拥有船只千艘。湖广是淮盐畅销口岸，所销之盐占淮盐的一半以上。

清代乾隆年间，徽州盐商的总资本可抵得上全国一年财政的总收入，扬州从事盐业的徽商资本有四五千万两银子，而清代最鼎盛时的国库存银不过约7000万两。

瓷器 一种由瓷石、高岭土、石英石、莫来石等组成，外表施有玻璃质釉或彩绘的物器。瓷器的成形要通过在窑内经过高温烧制，瓷器表面的釉色会因为温度的不同从而发生各种化学变化。瓷器是我国汉文明的瑰宝。

■徽商大宅院

■徽州花布

《拍案惊奇》
又称《初刻拍案惊奇》，明代小说，全书共40卷40篇。《初刻拍案惊奇》后又有《二刻拍案惊奇》，《二刻拍案惊奇》印行后受到普遍欢迎。"二拍"中大多反映了重商思想。此外，有男女爱情、婚姻故事。"二拍"标志我国白话小说由民间创作进入文人创作时期。

徽商通过盐业生意，完成了资本的原始积累，其活动范围东抵淮南，西达滇、黔、关、陇，北至幽燕、辽东，南至闽、粤。

典当业古来有之，与其他行业相比风险小，获利稳，因此徽商继盐业后大举进入典当业。

史书记载说：金陵当铺总有500多家，大部分为徽商所有。后来徽商把典当行设到乡村小镇，至此社会上又流传起"无典不徽"的说法。

就连典当行的掌柜称为"朝奉"，也源自徽商俗语。徽州方言成了当铺的通用行话。《古今小说》《拍案惊奇》等明清时期小说所反映的相关内容也多取材于徽籍典商。

棉布也是徽商做生意的范围。徽州布商的足迹遍及苏浙盛产棉布的大小城镇。明代末期嘉定县钱门塘丁娘子织的布匹质地特别精良，有个徽商在她住的胡同中租赁屋子居住，专门收购这种布行销各地。

钱门塘附近的外冈等镇都纷纷仿效丁娘子的织法，所织之布都被称为"钱门塘布"，钱门塘布成了徽商手中的畅销货。

清代，徽商一般都集中在苏州市镇附近开设布庄。在那些并不产棉而棉织业又很发达的地方，徽商还设立以棉花换取棉布的行当，叫作"花布行"。

为了营造自己的品牌，徽商都在自己加工的色布布头上标明本字号的专用图记。清代康熙年间，徽商汪某在苏州开设"益美"字号声誉大起，一年中售布达百万匹。自此以后的200多年间，各地都把益美的色布奉为名牌。

徽商还是最活跃的棉布贩运商，清代康熙时徽商在北京前门外开的"日成祥"布店生意就十分兴隆。

米商也是徽商的重要一支。明代中叶以后，素称"鱼米之乡"的苏浙由于城市发展人口增加，粮食反而不能自给，于是徽人便迅速扩大经营，成为吴楚之间从事粮食贸易的主要商帮。

史载，乾隆年间徽州休宁人吴鹏翔贩运四川米沿江东下，正好碰上湖北汉阳发生灾荒，他一下抛售川米数万石，由此可见贩运的规模。

徽州山区盛产名茶，尤其是休宁、歙县所产的松罗茶最好。于是茶叶贸易逐渐成为徽商经营的主要行业之一。

清代乾隆年间，徽州人在

■徽州米铺

北京开设的茶行有7家，茶商字号共160多家，小茶店达数千家。在汉口、九江、苏州、上海等长江流域的城市，几乎到处都有徽州茶商的活动。

徽商除了从事多种商业和贩运行业外，还直接办产业。休宁商人朱云沾在福建开采铁矿，歙县商人阮弼在芜湖开设染纸厂，他们边生产边贩卖，合工商于一身。

徽商在经营中注重市场行情，实行灵活经营。有一业为主兼营他业的，有根据不同行情、季节变换经营项目的。

徽商经商非常注重诚实守信和儒雅风范。

据史籍记载，徽商经营之域，"诡而海岛，罕而沙漠，足迹几半禹内"，其地无所不至。徽州六县在宋元明清时期历代致富商人至少有近千人，其中，拥资百万的巨贾富商有230人之多。

尤其是在明清时期的江浙一带，商品经济较为发达，徽商云集，势力强盛，故有"盖扬之盛，实徽商开之"的说法。

在湖北汉口，徽商不但建有豪华的同乡会馆，而且，还在江滨建设有"新安码头"，专供徽商停泊船只之用。徽商之所以能在天南地北开创出这样繁荣的局面，就是因为他们有着诚实守信和儒雅风范的良好商业准则。

徽商在经营活动中，讲究商业道德，主张诚信为本，坚守见利思义，以义取利，"不效世用一切狙诈术"，不以"功利为急"。

徽商许宪据此作过精辟的总结：

> 唯诚待人，人自怀服；
>
> 任术御物，物终不亲。

这个良好的经商准则使徽商获得了良好的市场信誉。各地商家在买卖中以次充好，以假充真的现象时有发生，徽商却坚持不这样做。

明代时徽商胡仁之在江西南丰做粮食生意，即使在天灾大饥之年"斗米千钱"的情况下，也决不在粮谷中掺杂兑假坑害百姓。

清代时徽商胡余德发现胡开文墨店有一批墨锭质量上有些瑕疵，他立即指令所属各店铺停止制售此批墨锭，并将流向市场的部分高价

■徽州牌坊

收回，倒入池塘予以销毁。

在任用经商人选上，徽商坚持任用那些熟读"四书五经"的儒雅之士，并且注意培养他们学习思考的习惯、吃苦耐劳的精神和坚韧不拔的意志。"勤苦、诚实、谦和、忍耐、变通、俭朴、有主见、不忘本、知义理"是他们的选人思想和用人标准。

徽商在经营活动中，非常注重和儒家文化结合起来，正所谓"贾而好儒"，诚信经营、货真价实、以礼待客、以义取利等都是"贾而好儒"的体现。

明代歙商郑孔曼出门必携书籍，供生意间隙时阅读。他每到一个地方，一有空闲就去拜会该地文人学士，与其结伴游山玩水、唱和应对，留下了大量篇章。同乡人郑作也嗜书成癖，他在四处经商时，人们时常见他"挟束书，而弄舟"。

徽商"贾而好儒"还表现在对教育的大力投入方面，不少徽商毫不吝惜地捐金捐银，资助建书院兴私塾办义学，以"振兴文教"。

此外，徽商以"贾者力生，儒者力学"为基点，竭力发挥"贾为厚利，儒为名高"的社会功能，将两者很好地结合而集于一身，互相为用，张贾以获利，张儒以求名。

传统世代的儒化徽商，一方面促进了徽州故地的儒学繁荣，另一方面

四书五经 "四书"和"五经"的合称，是我国儒家经典的书籍。"四书"指的是《论语》《孟子》《大学》和《中庸》；"五经"指的是《诗经》《尚书》《礼记》《周易》《春秋》。"四书五经"是南宋以后儒学的基本书目，儒生学子的必读之书。

■徽商故里碑

反过来又借助于儒学对徽商
的商业经营活动产生了深刻
的历史影响。

徽商在处理内部或者外
部的商业问题时，有一个
专门的组织，叫"徽商会
馆"。会馆在清代盛行，不
过徽商会馆较多，明清时期
遍布全国，仅南京一地就有
数处。

徽商会馆代表商人与官
府交涉商业事务，为徽人举
办公益事业，有的会馆还延
师教习同乡子弟，也代为传
递乡人信函和官府文告。

■徽商文化雕塑

会馆经费由会馆所在地徽商提供。

最早的徽商会馆为北京歙县会馆，建于1560年，由旅京徽商杨
忠、鲍恩创建。湖北汉口新安会馆，从置产业到扩充道路、开辟码
头，渐渐形成一条新安街。苏州吴江县盛泽镇徽宁会馆建了20多年，
有房产、田产和供装卸货物用的驳岸，规模宏大。

在徽商的乡族观念中包含着约定俗成的道德观念和带有强制性的
宗族族规，这些使徽商彼此之间有着很强烈的患难与共意识。这种意
识客观上成为徽商之间互帮互助、以众帮众、相互提携的泉源。

遍布各地的徽州会馆的建立，也突出体现了徽商的这种意识和精
神，从而大大地强化了徽州商帮内部的凝聚力，提高了市场竞争力。

徽商非常敬业，以勤奋和吃苦耐劳著称，在外经营，几年一归，

新婚离别，已是平常事。

徽商一般以小本起家，闯荡商海。商海浪涛汹涌，凶险异常，一不小心就会搁浅甚至沉没。然而他们受到挫折之后，并不是一蹶不振，而是义无反顾，百折不挠，勇往直前。

徽商的敬业精神，不仅仅表现在徽商个人义无反顾地投入商业的行为方面，更体现在商人家族对商业世代不懈的执著和追求中。

徽商经商致富不忘本，很多徽商获利致富后回到家乡，兴办社会公益事业、慈善事业。很多精美住宅、宗祠、牌坊、桥梁、学校、藏书阁等都是那时修建起来的，为后世留下了一笔宝贵的文化遗产。

徽商还非常具有爱国情怀，在明代中叶的抗倭斗争中，他们或者捐资筑城，募勇抗倭，或者出谋划策，领导抗倭，或者弃商从戎。

徽商在古老的徽州大地上，上演了一幕幕艰苦创业、生生不息、相互依存、相互促进、共同繁荣的历史剧，给世人留下了宝贵的物质和精神财富。徽州文化也由此成为我国乃至世界的骄傲。

阅读链接

谢裕大茶行创于1875年，是古徽州六大茶庄之首。谢裕大茶行的创始人叫谢正安。

当年，为了进军上海，他亲自带领家人到充头源茶园选采肥壮芽茶原料，经过精心的制作，形成别具风格的新茶。

由于"白毫披身，芽尖似峰"，又因产自黄山，故命名为"黄山毛峰"。因数量极少，质量好，运到上海新挂牌的谢裕大茶行，轰动了整个上海滩，成为各界名流竞相追逐的珍品，上海漕溪路，就是因谢裕大茶行的原址在此而命名的。

之后，谢裕大茶行迅速走向全国，"黄山毛峰"开始成为极品好茶的代表之一。谢裕大茶行也因此被世人称为"黄山毛峰第一家"。

特色显著的新安医学

　　新安医学是在唐代时出现，在宋代和元代时逐渐兴起，在明清时期达到繁盛的。

　　随着徽州地区经济、文化的繁荣和与外界的广泛交往，徽州儒生

医生诊治场景雕塑

■ 医书古籍

三皇 我国创世神话中的"三皇"是指距盘古开天辟地已经55万年，陆续出现的3位伟大的神祇，称为"天皇"、"地皇"、"人皇"。三皇都是远古时期为人类做过特别重大贡献的部落群体和首领，像中华民族的黄帝部落。

在"不为良相，即为良医"的思想指导下，从医者很多，而且名医辈出，医籍浩瀚。

他们根据徽州的地理环境、气候条件和生活习性，提出了系统的医学理论，特别重视脾胃、肝肾和气血的调养，用药平正中和。因徽州古为新安郡，故世称"新安医学"或"新安医学派"。

新安医学从兴起至繁盛，涌现医学家500多人，撰、辑医籍460多部。著名医家有北宋时期的张扩，南宋时期的张杲，元代的程汝清、王国瑞，明代的程充、汪机，清代的程政通、吴谦等人。

其中汪机被誉为明代四大医家之一，吴谦被誉为清代四大医家之一。

北宋时期，歙县人张扩从学于湖北蕲水医家庞安，随后又到四川向王朴学习脉诀，医名逐渐大振。张扩将所学传于弟弟张挥，又传儿子张师孟。张挥将张扩之学再传于儿子张彦仁，继传于孙子张杲，张家成为新安第一代名医世家。

张杲以儒医著称于世，究心医学50余年，于1189年写出了新安第一部医学著作——《医说》10卷。

此书博采宋以前古代医书编撰而成，记叙了从三皇至唐代名医110多人的临床治验，这部书成为我国现存最早的医史传记。

张杲一方面从事临床诊治工作，一方面从事医学史料和禁方秘方的收集整理，写作了《秘方奥旨》一书，收集了许多古代的禁方、秘方。

至元代时，又有4人写了6部医学著作。歙县翰林鲍同仁撰写了《通元旨要》《二赋注》《经验针法》；吴以凝撰写了《去病简要》27卷；婺源太医王国瑞撰《扁鹊神应针灸玉龙经》1卷。

此外，休宁太医提举程深甫，郡医学提领范天锡，医学教授马萧、张良卿和祁门名医徐存诚等，均是当时非常有名气的医家。

明代初期的150多年中，新安医学较宋元时期，又有所发展，又有9人写了11部较有影响的医学著作。

明代后期，新安医学进入了全面发展的时期。这时候医学名家大量涌现，纷纷著书立说。共有45人撰写了96部医学著作。大量有质量

翰林 即文翰之林，意同文苑。也指官名。是皇帝的文学侍从官，翰林院从唐朝起开始设立，始为供职具有艺能人士的机构，但自唐玄宗后演变成了专门起草机密诏制的重要机构，院里任职的人称为翰林学士，或是翰林供奉。明以后被内阁等代替，改从进士中选拔。

文化奠基

好学文风

■中医针灸浮雕

抄本 手抄的书籍。现存最早的抄本书是296年写的佛经残卷，因为当时尚无印刷术；明代《永乐大典》、清代《四库全书》，卷帙浩繁，因校订认真，一时难以刊刻，故动员大量人力抄写。

的医学著作问世，使新安医学为之一振。

《眼科宝籍》一书是明代著名医学家程撰关于研治眼病的专著，程撰为徽州歙县人。这部医学专著在民间流传甚广，抄本和刊本很多。在书中，作者不仅对很多眼科疑难杂症作了透彻的原理分析，而且创制了不少良药验方，在临床施治上效果甚佳。

《石山医案》为明代医学家汪机的医学代表作，汪机为徽州祁门人。《石山医案》较为集中地反映了汪机的医学成就，最为后世推崇。

汪机的医学成就，主要在于他将李东垣的"补土派"和朱丹溪的"滋阴派"的医学思想结合起来，提出"调补气血，固本培元"的医学思想，从而开创了新安医学的"培元派"先河。

■ 医书《伤寒论》

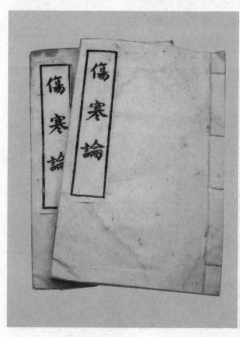

《石山医案》为后人继承、研究汪机医学思想和用药特色留下了珍贵的资料。

陈嘉谟是明代以医学闻名于世的新安名家。他著作《本草蒙荃》，开列历代名医总论和药性歌，编撰草、木、谷、菜、果、石、兽、禽、虫、鱼及人，12部药物内容，收药物742种，详细记其产地、保管、主治、使用、配方，而且绘有图形。

这是在李时珍《本草纲目》问世之前数百年间一部重

要的中药学专著，在中华中药史上承前启后，影响较大。陈嘉谟写此书，7年五易其稿，80岁才完成这一著作，得到了后来李时珍等名家的称赞。

《伤寒论条辨》是明代医学家方有执的代表作。方有执为徽州歙县灵山人。方有执原是一名儒生，后来弃儒从医。他反复阅读、认真钻研东汉医学家张仲景的《伤寒论》巨著，从中受到巨大助益。他竭20余年的精力，寻求端绪，撰成《伤寒论条辨》。

《伤寒论条辨》按六经体系统治伤寒和杂病，编为11篇，22目，397条，113方。书中，方有执以"风伤卫"、"寒伤营"、"风寒二伤营卫"为纲，倡"三纲鼎立"之说，在医学领域产生了深远的影响，开《伤寒论》研究的一代新风。

此书一出，和者四起，首先赞成的有江西大医学家喻昌，认为方有执"卓有独识，前古未有"。此后，清代吴县的张潞、海盐的吴仪洛、歙县的程应旄等相继表示支持。

《伤寒论条辨》一书，在《伤寒论》研究领域内引起巨大反响，在医学界中促进了不同学派的兴起，形成百家争鸣的局面，这对中医学的发展起到了重大

■李时珍画像

《伤寒论》 我国古代一部阐述外感及其杂病治疗规律的专著。原著《伤寒杂病论》是东汉医学家张仲景所撰。经后人整理编纂将其中外感热病内容结集为《伤寒论》。该书集汉代以前医学之大成，对祖国医学的发展做出了重要贡献。

的推动作用。

《医方考》是我国第一部介绍医方的专著，是明代歙县人吴昆的著作。

吴昆15岁时从歙县余家山余午亭学医。临证16年，体会到生搬硬套地用古人成方治疾，不仅疗效不显，而且容易误病殃人，用古方必须要掌握方义和加减进退的规范。

于是"取古昔良医之方700余首，揆之于经，酌以心思，订之于证，发其微之，编为6卷，凡20门，题之端曰《医方考》"。

清代时，新安医家进一步开展了学术争鸣，涌现出了众多的名医和医学著作。著名的医家有程敬通、郑重光、程云来、汪昂、程杏轩等人。

许多医学著作在全国都有一定影响，其内容有医学经典的注释、理论的发挥、诊断、方药、运气等方面的学说，而且内、外、妇、儿、伤、后、眼、针灸、推拿等各科，无不具备，在新安医学史上出现了一个光辉灿烂的时期。

汪昂是清代休宁名医。他以"不为良相，必为名医"立志，刻苦撰著《素问·灵枢类纂约注》《医方集解》《本草备要》《汤头歌诀》《经络歌诀》等许多医书，这些医书对中华中医学的探讨、普及作用很大。

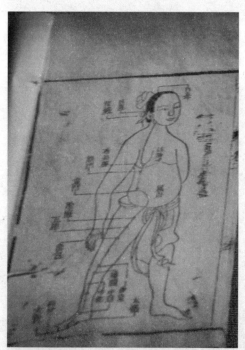

■《素问·灵枢》

郑重光（1638年—1716年），清代医家。字在辛，号素圃，晚号完夫。安徽歙县人。1705年，撰《伤寒论条辨续注》12卷以补方氏之未备。1711年，复撰《伤寒论证辨》3卷，病情详于各证之中。1707年，另著《素圃医案》4卷。卒后乡里私谥"贞悫先生"。

其中《汤头歌诀》有29种版本，在徽州民间几乎家喻户晓。汪昂所著医书已有170多种版本，对中医学的传承和发展意义非常巨大。

清代歙县人程国彭潜心钻研医学经典《内经》，对名医文献融会贯通，写成《医学心悟》五卷，把伤寒感染性热病概括为"表、里、寒、热"四字，归纳出治伤寒等病疾的"医门八法"。

程国彭的论病"八纲"和治疗"八法"，已成为后来诊断学和治疗学上的"八纲"、"八法"，一直指导着中医基础理论的形成和发展。

吴谦是清代雍正、乾隆年间的名医，曾任太医院右院判。

1739年，乾隆帝诏令编纂医书，命吴谦、刘裕铎为总修官。作为总修官，吴谦为《医宗金鉴》的成书做出了重要贡献。

吴谦认为，医经典籍以及历代各家医书，存在着"词奥难明，传写错误，或博而不精，或杂而不一"等问题，应予以"改正注释，分别诸家是非"。

在撰著《医宗金鉴》时，他参考引用乾隆以前研究《伤寒论》《金匮要略》等20余位医家著述，对这两部经典著作的原文逐条加以注释，汇集诸注家之阐发，撰

针灸 以针刺艾灸防治疾病的方法。针法是用金属制成的针，刺入人体一定的穴位，运用手法，以调整营卫气血；灸法是用艾绒搓成艾条或艾炷，点燃以温灼穴位的皮肤表面，达到温通经脉、调和气血的目的。

057

文化奠基

好学文风

■清代医生吴谦雕像

成《订正仲景全书·伤寒论注》17卷、《订正仲景全书·金匮要略注》8卷，列为《医宗金鉴》全书之首。

新安医学专科齐全，世代相传，形成很多的"家族链"，至今不息。如始于南宋的"医博"黄孝通的"黄氏妇科"，至今已有25世，代不乏人。

延续至今的还有明代余午亭和吴正伦创办的"内科"；清代王雪健创始的《新安王氏医学》，郑于丰、郑于蕃创始的"南园喉科"、"西园喉科"等。

这些专科，内容丰富，经验独到，在中医学发展史上具有重要地位。随着新安医著的外传，还对日本、朝鲜及东南亚各国的医学发展发挥了积极作用。

阅读链接

新安医学取得的巨大成就与徽州文化有着密不可分的关系，新安医学随着徽学的兴盛而兴盛，它的兴起得益于天时、地利与人和，是历史、文化、经济、地理诸多因素催化的结果。

中原文化的南迁为新安医学的形成和发展提供了良好的社会条件，得天独厚的地理环境为新安医学的形成和发展提供了良好的自然条件，繁荣发达的徽商经济为新安医学的形成和发展奠定了经济基础，而深厚博大的徽学底蕴更为新安医学的形成和发展做好了充分的精神准备。

徽州拾英

徽州文化属于移民文化，具有文化融汇的价值。中原地区的南迁活动客观上导致和促进了中原文化为徽州文化所吸纳，所融合。

徽州地处皖南，北依长江，南联赣粤，下通苏杭，与长江三角洲地区遥相呼应。优越的地理位置对于经济文化发展来说是一种有利条件。大规模移民活动促成的文化融合及独特的地理环境，孕育了具有特色的徽州文化。

其中，徽州文化中的绘画艺术、版画工艺、四雕和篆刻工艺、建筑文化等，不仅在当时独领风骚，而且还深深影响了后世。

细密纤巧的徽州版画

徽墨《百佛图》

徽州版画是徽州的一个版画流派，也叫"徽派版画"，源于徽州刻书，起于南宋时期。徽州版画包括两部分，一部分是徽州地区本地刻印的木版画；另一部分是徽州人在外地刊行刻印的木版画。

徽派版画作品涉及范围很广，有书中插页、肖像、图解、封面装饰等，书画图谱类有独幅、组画、单页、书画谱册等。徽墨图谱有单页与成卷册。

地方志、宗族谱牒中有风景图、先贤、祖先像、建筑图解。民间木版画有宗教、民俗风情、民间故事。

徽州版画是画家和木刻艺人通力合作的艺术结晶。徽派版画的刻工，往往也是画家。徽派版画的艺术风格细密纤巧，典雅静穆，富有文人书卷气。

为徽派版画作画的著名画家主要有丁云鹏、吴廷羽、蔡冲寰、陈老莲、汪耕、黄应澄、雪庄等。

丁云鹏与其学生同匠人黄守言、黄德时等合作完成的《方氏墨谱》《齐云山志》《考古图录》《唐诗画谱》，其中皆有徽派版画的精品。

■徽墨《博古图》

徽派版画的地方性色彩浓郁。徽州盛产木材，民居中砖、木、石、竹雕普遍，这些雕刻都是当地工匠所为。

徽州特产中的文房四宝徽墨、歙砚，质地优良，在上面精心雕琢，十分好看。

徽州雕版技法在建筑、家具、砖木石竹雕刻、文房四宝的墨模、砚石雕刻和雕版刻书等诸方面都是相通的。

徽州版画有一个表现手法叫"以繁衬简"，这个手法是表现主题的一种手段，为的是突出人物活动。这种烘托、反衬的手法，徽州刻工应用得十分自然。这个表现手法也属于徽派版画表现特色。

雕刻艺术尽管门类众多，然其艺术之根同源。特

歙砚 我国四大名砚之一，是与端砚齐名的珍品，因产于歙县而得名。以婺源龙尾山下溪涧中的石材所制最优，故又称"龙尾砚"。歙砚石具有"涩不留笔，滑不拒墨，瓜肤而觳里，金声而玉德"等优点。按天然纹样可分为：眉子、罗纹、金星、金晕、鱼子、玉带等石品。

■ 徽州版画

线描 是素描的一种，指用单色线对物体进行勾画。在我国绘画中，线描也叫"白描"，是具有独立艺术价值的画种，又是造型基本功的锻炼手段，还是工笔画设色之前的工序过程。常用的工具有铅笔、炭笔、炭精条、钢笔、尼龙水笔、签字笔、记号笔等。

别是在诸种工艺各自发展的过程中，互相借鉴，取长补短以及互有扬弃。

砚雕、墨模雕刻与版刻书画都是平面刻，只有阳刻与阴刻及深浅程度的区分，再加上刻版画插图等阴阳刻均参用，表现出丰富的刀法技巧，使画面更生动。

徽州不少名刻工都具有多种本领，明代歙县人黄铖、休宁人朱云亮、黟县人余尚恒等善木雕、石雕艺术，又能刊刻书画。徽州刻工是在先辈前人的基础上学习、巩固、发展、提高的。

由于雕刻技艺遗存多，艺术土壤雄厚，再加上从艺者努力钻研，使得徽州传统式工匠艺人都各自掌握一手好技艺，在长期实践中形成了自己的信念，并以固定的模式传之后代，因而形成浓郁的手工操作的地方性特征。

徽州刻工主要集中在歙县、休宁以及临近的旌德地区，其中又以歙县居多。歙县一地当时除了县城内"刻铺比比皆是"之外，大部分分散在水路交通要道和县城附近的村落，如雄村、郑村、岩寺、潭渡、虬村等。

徽州刻工讲究精工细致，刀法一丝不苟。在徽州书画家的影响和合作下，刻工的素质和技巧日益成熟。

他们充分运用传统的砖、木、石、竹四雕和徽墨歙砚的雕刻技艺，精益求精地钻研刻印技术，把我国水印版画发展推向更高层次，使书籍插图逐步发展为我国版画艺术中的主要品种。

徽派刻工既世代相传，又各有所长，对镂刻十分讲究。徽州刻工长期在线描上寻求表现力的功夫，刻线技艺炉火纯青，灵活纤细精美已成了徽派的共同特点。以线条的粗细、曲直、动静相照，繁简互衬等对应统一的规律来刻画人物。

优秀的徽州刻工刀刻的线条能呈现出一种节奏感和转折顿挫的韵律味。点划起伏以及拂披的刀法。

如《李卓吾批评忠义水浒传》100回，共有插图100幅，刻工黄诚之、刘启先均为徽派名工高手。

该书刊本插图绘刻精致，气势磅礴，人物多，场面大，人物形象个性鲜明，姿态生动，山水、树丛、屋宇、楼台置景饱满而层次分明，线条勾勒流畅须眉毕现，显示出线条的魅力，一点一划刀法纯熟极见功夫。

明清时期，徽派版画家创造了

徽州砖雕

许多新技法。画家为适应木刻需要的线描画，撇开了传统中国画浑染皴点擦的表现手法，创造了"洗去铅华，独存本质"的铁线描。

而刻工以刀代笔，以一丝不苟的功力再现画稿于木刻之上，他们不只是简单地依样画，而是把以线描为主的画稿转化为木刻画。

聪敏的刻工高手运用阳刻和阴刻，对刀刻的刚柔轻重和疾速转换技巧的掌握，都可以在其线纹上看出来。著名徽派刻工高手的刀刻线条，呈现出一种节奏感，转折顿挫，点划起伏以及拂披的刀法，都能得心应手。

正由于此，徽派版画的重要特征之一，就体现在线描上，刻线纤细精美，笔笔交代清楚，刀法一丝不苟。

从技法上看，徽派版画舍弃大面积黑白对比，比

■徽州木雕

如雪景、底色、湖面、草地等，因不易表现，印刷效果也不好，故很少出现，多数都是用线描来描绘。

徽派刻工娴熟的线条功力，以其粗细、曲直、起落、繁简、疏密来表现客观事物的远近、体积、空间和质量的关系，充分运用虚实相生、动静对比、繁简互衬等对立统一的规律来刻画形象。

徽派版画家胡正言从与刻工、印工合作，采用饾版套色印刷了《十竹斋画谱》，把竹梅兰石等画印出了色彩和浓淡干湿的变化，几乎达到了可以乱真的程度。

后来，采用饾版加拱花的技术，把白云、流水等画的线条凸现出来，使彩色画面增强了立体感。

由于画家参与版画创作，国画理论、技法及表现形式被运用于版画，版画开始出现同国画合流的倾向，这是徽派版画给我国传统版画艺术带来的革新，也是徽派版画本身所具有的时代特征。

明代是徽派版画发展的盛世，书籍刻印质量大大超过前代，而且以插图精美为吸引书商及读书人的重要手段，特别是小说戏曲类书籍更为突出，插图幅数多，版面大，绘制精美，刻工技艺高超。

徽州木雕

　　书商为了推销刊本，也往往用精美绣像做广告，因此当时销售戏曲小说带插图印作数量大，销路更加广阔。

　　明代中叶的徽州版画以歙县黄氏刻工最为著名，另有鲍氏、汪氏、汤氏等刻工，不仅数量大而且精品多。

　　徽派版画家刻了许多高质量的精美插图、画谱、方志中的风景画等，以全新面貌影响和带动了我国版画的发展。

　　当时小说戏曲作品风行，给这些作品绘刻插图，不仅是扩展版画创作园地，提供版画创作新内容，对于深入细致地刻画人物思想感情及反映人们的理想也都起到了积极的作用，深受广大读者欢迎。

阅读链接

　　徽派版画以工整、秀丽、缜密而妩媚的情调见长，技巧上都达到了非常高的水平，构图之完美，形象之准确，线条之纤丽，在我国文化史上具有重要的地位，尤其是饾版与拱花印刷术，对国内外版画都产生了重大的影响。时至今日，徽派版画保持着鲜明的个性，显示出强劲的生命力。

注重格调的新安画派

　　明代中叶，徽商崛起，徽州经济文化勃兴。

　　徽商中的贤达之士、风雅之人，资助兴办文化教育，热衷收藏。由于这些人的推波助澜，营造出一个有利于文化艺术生存发展的良好环境。在这样的文化背景下，徽州的绘画艺术开始活跃，以描绘新安山水为特色的徽籍画家群逐渐形成。

■新安画派作品

武陵杉写真

清代龚贤《山水轴》

新安画家善用笔墨，貌写家山，借景抒情，表达自己心灵的逸致，画论上提倡画家的人品和气节，绘画风格趋于枯淡幽冷，具有鲜明的士人逸品格调，在17世纪的中国画坛独放异彩。

因为这群画家的地缘关系、人生信念与画风都具有同一性质，所以时人称他们为"新安画派"。

新安画派成员众多，力量雄厚，做出成就者近百人，其中卓然自成一家者约有20人，分为四个层面：

画派领袖僧渐江；先驱程嘉燧、李永昌、李流芳；鼎盛期主要成员方式玉、王瘭素、吴山涛、程邃、汪家珍、戴本孝、吴龙、顺田生、程正揆、郑旼、汪之瑞、孙逸、查士标、汪洪度、雪庄；后继者黄宾虹、张氏三雄张翰飞、张君逸、张仲平等人。

最早把新安山水画家群体称之为"派"的是明末清初著名画家龚贤，他在题山水卷的一段跋语中首先提出天都派。天都为天都峰，是黄山72峰中最为险峻雄奇、具有代表性的峰峦，人们常以"天都"指代黄山、新安。龚贤所称的"天都派"即后人所称的"新安派"。

其后张庚在《浦山论画》中正式提出新安派，人们多沿用，于是"新安画派"成了最终的名称。

新安画派艺术实践和画论主张是师法自然，形成了自觉的艺术传统。从绘画题材看，这一画家群体多以黄山和徽州山水为表现对象。

新安境内纵横的山岭，特别是黄山、白岳等风景名山，提供了无数奇景，激发了新安画家的创作灵感。他们有的日日对山痴坐，有的岁岁与白云青石为友，细心体味着自然的无穷意蕴。

新安画家经常在一起观览大好山水，一起切磋提高技艺，寻求表达他们心目中的新安山水意象特征，形成许多共识。如以师法自然为归，化峻岭奇松、悬崖峭石、疏流寒柯为笔下的画作。

作品均体现出一种超尘拔俗和凛若冰霜的气质，意境深邃，是明清时期文人画的正统继承者。

新安画家既以黄山的俏丽奇傲来表现自我，又以黄山禅宗般的灵境表现超尘脱俗与忘我无我，同时又以黄山时动时静、变幻流畅的气韵表现音乐般的节奏与纯粹意义的美。

这些看似矛盾，但在他们的作品中却表现得极其

■ 明代程嘉燧《山水图册》

山水画 我国山水画简称山水。以山川自然景观为主要描写对象的中国画。形成于魏晋南北朝时期，但尚未从人物画中完全分离。隋唐时始独立，五代、北宋时趋于成熟，成为中国画的重要画科。在传统上按画法风格，山水画分为青绿山水、金碧山水、水墨山水、浅绛山水、小青绿山水、没骨山水等。

■ 龚贤《弘木叶丹黄图》

徽州文化特色与形态

倪瓒 元代画家、诗人。初名珽，江苏无锡人。擅画山水、墨竹，与黄公望、王蒙、吴镇合称"元四家"。存世作品有《渔庄秋霁图》《六君子图》《容膝斋图》等。

和谐统一，因此，他们的人品与作品覆盖面极广，渗透力极强，感染力极大，对于后来的新安画家，产生了极其重大的影响。

从技法上说，多石疏树的新安山峰促使他们采用以线条为主的画法描绘多角的山形，这在他们的画中表现得十分明显。

同时，徽州版画艺术也为画家提供了营养，绘画作品中那刚劲、硬朗、瘦削却极富韵致的线条很可能受版画刀刻线条的影响。

明末清初的弘仁与查士标、孙逸、汪之瑞一起被称为"新安派四家"，其中孙逸和查士标为休宁人，休宁旧称"海阳"，故又被称为"海阳四家"。这一画派在当时画坛颇具影响。

画派成员大多宗法元代倪瓒、黄公望两大家，笔墨简淡清逸，线条遒劲，爱写生黄山，画云海松石。其中弘仁与查士标是这个画派的代表人物。

弘仁原名渐江，歙县人，是新安画派的宗师、奠基人，出家后改名"弘仁"。他少年孤贫、性癖，自小就喜欢文学，绘画一生从不间断。

他入武夷山为僧，师从古航禅师。云游各地后回歙县，住西郊太平兴国寺和五明寺，经常往来于黄山、白岳之间。

弘仁的传世作品最多，他把山水画中的"疏体"推进到极致，以他特有的清逸、简淡、萧疏的格调和胸中的浩然正气，作了诗意的表现和抒发，使明清时期山水画达到了新的高度。代表作品有《黄山松石图》《西岩雪松图》《晓江风便图卷》等。

查士标，字二瞻，号梅壑、懒老，休宁人。善书画，工诗文，精鉴赏。山水画师法黄公望、吴镇、倪瓒、董其昌，笔墨疏简，格调秀远。

就技法而言，以他为最高，作品也最多。代表作品有《幽谷空泉图轴》《山水图轴》《狮子林》等。

孙逸，字无逸，号疏林，休宁人。擅长山水画，笔墨娴雅，画风清秀，曾有"文徵明后身"之誉。代表作品有《夜半听哑哑》等。

汪之瑞，字无端，号乘槎，休宁人。早年随明末新安名人画家李永昌学习绘画，成为其高足。擅长山水，师法黄公望和倪瓒，爱用干笔蘸墨，爱作背面山。其代表作品

清代孙逸《山松长青图》

守护之魂

徽州拾英

为《山水图中轴》。

与"新安派四家"同时，新安画家还有程邃，字穆倩，歙县人。程邃善作山水，主张以画抒情。

曾在一画上题道：

> 仆性好丘壑，故镌刻之暇，随意挥洒，以泄胸中意态，非敢云能事者也。

他的画纯用枯笔渴墨，模糊蓊郁，苍茫简远，干皴中含苍润，别具韵味，古人给予很高评价。

戴本孝，字务旃，号前休子，终生不仕，别号黄水湖渔父、太华石屋叟等，休宁人。善画山水，所作多为卷册小景，风格学元代倪瓒、王蒙、黄公望等而自出新意。

清代戴本孝《赠冒青山水图》

善用干笔蘸墨，构图疏秀，意境清远枯淡。其笔下的山石多用枯笔蘸焦墨皴擦而出体面，很少用线条勾勒山石结构，也较少点苔。在构图布境上属元人意境的空疏高旷，但并不专仿元人笔墨。

他重视"师法自然"，因而笔下的山川丘壑变化多端，但画面的意境清旷，意趣高逸。最有影响的作品有《望天都

清代戴本孝《巢居老人观菊图》

峰》《炼丹台》《登莲花峰》等。

新安画派是在我国明清时期绘画史上产生深远影响的一个十分成熟的绘画流派。虽说属于地方画派，但却有全国性的影响，不但把中国山水画推向新的高峰，而且为中国画坛推出一大批有实力的画家。

阅读链接

戴本孝每年都恰逢其时去和县丰山赏宋代诗人杜默手植蝴蝶梅和画梅。

传说一次又去写生画了数笔，终不满意。直至入夜时分，月亮从云层中钻出，露出笑脸。是时皓月当空，梅树疏影横斜，暗香浮动，婆娑起舞。戴本孝见之灵感大发，急忙展纸泼墨，运笔如神助之，尽兴挥毫，丝丝入扣，出神入化。谁知刚画了半树梅花，云遮月隐，月亮又悄然躲进云层。他只得手执半树梅稿，怏怏作罢而归。

然而这已经画好了的半树梅花别具风姿，深得行家赞同，赞道："画别出心裁，画出梅的风骨，正因半枝梅而别开生面。"戴本孝遂心大悦，于画面题款"半枝梅"。从此，半枝梅的传说不胫而走。

精美绝伦的徽州四雕

　　"徽州四雕"是具有徽派风格的砖雕、石雕、木雕、竹雕四种民间雕刻工艺的简称，为古徽州地区明清时期建筑的装饰性雕刻，具有浓厚的地方文化色彩。

■徽州石雕

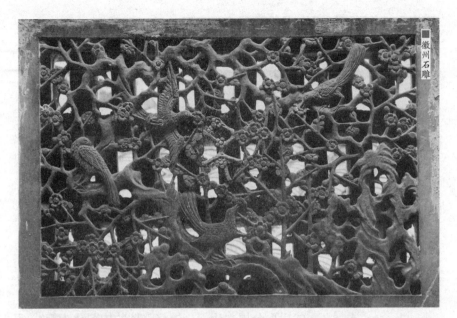

　　徽州四雕主要用于民居、祠堂、庙宇、园林等建筑的装饰，以及古式家具、屏联、笔筒、果盘等工艺雕刻。徽州四雕是在发达的徽州文化大背景下逐渐形成和发展的产物，是徽州能工巧匠的佳作。

　　致富了的徽商回到家乡，花巨资修建了很多祠堂、牌坊、宅第等，这使徽州雕刻有了"用武之地"，客观上促进了徽州雕刻艺术的发展。

　　另外，徽州自古多能工巧匠，多才多艺的能工巧匠在雕刻上肯花费时间，匠心独运，使得徽州四雕艺术独具特色，精湛隽永，日臻完美，登峰造极。

　　徽州四雕的历史源于宋代，至明清时达到极盛，尤其是其刀工、技艺已到了"天工人可代，人工天不如"的艺术意境。雕者执刀有力，运刀自如，刀随意动，意指刀达，刀中有笔，相得益彰，体现了刀法与艺术一致，内容与风格统一的手法。

　　四雕艺术有别于绘画艺术，其表现形式要求以刀代笔，立足于一个"雕"字。因此工匠在立意构思上，要对造型构图方法、技巧以及

■ 徽州木雕

视觉效果等作全盘考虑。

徽雕艺人不但具有浓厚的传统技艺功底，而且具有一定的模式化造型，一般先审材度势，大处着眼，即确定好雕刻对象的位置、比例、上下关系，同时还要考虑好某处应用某种技法，如对称、呼应、疏密、虚实、明暗、刚柔以及立体感、空间感、节奏感、韵律感等技巧和形式美的规律，都要有所权衡，做到胸有成竹。

然后再分层次运刀，遂将整体的构图化为简略而又不失局部细致入微的刻画。

采用的主要表现手法是浅浮雕、高浮雕、透雕、圆雕、镂空雕和线刻等来造型。雕刻精巧高超，或纤细，或粗犷，或严谨，或奔放。

徽州木雕装饰主要体现在内部建筑的重点部位上，如主梁、构架、斗拱、雀替、门、窗、扇板、栏板，以及家具装饰上。

明代的木雕装饰整洁明快，线条粗拙奔放，图案多呈菱形、方格形、回文形等几何形状。而清代的木雕雕工精细、考究，雕镂的层次更多。

始建于宋代，在明代嘉靖年间大修过的绩溪县龙川胡氏宗祠的木刻花雕采用浮雕、镂空雕和线刻相结合的手法，除了梁勾、梁托和门楼雕龙画凤、或表现历史戏文之外，整个落地门窗的木雕布局有"荷花、

雀替 我国古建筑的特色构件之一。宋代称"角替"，清代称为"雀替"，又称为"插角"或"托木"。通常被置于建筑的横梁、枋与柱相交处，作用是缩短梁枋的净跨度从而增强梁枋的荷载力，减少梁与柱相接处的向下力量，防止横竖构材间的角度之倾斜。

花瓶、百鹿"三种图案。

千姿百态、亭亭玉立的各种荷花随风招展；悠悠漫步、回眸引侣、幼鹿吮乳、母鹿抚舔等各种形态的梅花鹿自在自如地生活；各种形状、千刀细刻、精致美观的花瓶，犹如"仙境"般的雕版令人陶醉。

荷花图意味着"和为贵"，教育后人清清白白做人做事；百鹿图意在祝愿祖祖辈辈延年益寿；花瓶图象征着世世代代平安的生活憧憬。

黟县宏村承志堂的木雕饰件是中晚清时期作品的代表，特别是厅堂梁枋上的木雕极为精细，枋中心有一组群雕，梁两头有弯月曲线。主枋上一幅"百子图"，形象生动，惟妙惟肖。

构图之精巧，造型之优美，表意之深刻，堪称木雕中的珍品。西厢房的"八骏图"、东厢房的"十鹿图"，采用突起式浮雕，人物众多，或弈棋，或吟诗，或踏青，或细语，神态各异，细腻逼真。

许多图案都是在三四厘米厚的木板上雕刻出六七个层次，其技艺令人惊叹。

徽州石雕主要用在外部门罩、大门口装饰上，以及漏窗、天井、庭院的石桌、石凳、梁柱的柱石等，如抱鼓石、石狮以及石窗、石栏杆、门额等。

由于黟县西递产的"黟县青"大理

■ 徽州木雕

守护之魂
徽州拾英

漏窗 俗称"花墙头"、"花墙洞"、"漏花窗"、"花窗",是一种满格的装饰性透空窗,外观为不封闭的空窗。漏窗是我国园林中独特的建筑形式,也是构成园林景观的一种建筑艺术处理工艺,通常作为园墙上的装饰小品,多在走廊上成排出现。

石,质地坚韧,纹理细腻,富有光泽,成为雕琢石雕作品的优良材料。

石雕题材造型丰富多样,果木、动物、云彩、花叶,不一而足。石雕图案多有"喜鹊登梅"、"岁寒三友"等。

徽州石雕在雕刻风格上,浮雕以浅层透雕与平面雕为主,圆雕整合趋势明显,刀法融精致于古朴大方,没有清代木雕与砖雕那样细腻繁琐。

有一对保存完好的黟县青大理石石雕宝瓶,其瓶身所饰山水云雾花纹图案,采用了浮雕与镂空雕刻相结合的手法,令人叹为鬼斧神工。

西递村"西园"中有一对漏窗,左为松石图案,奇松从嶙峋怪石上斜向伸出,造型刚劲凝重;右为竹梅图案,弯竹顶劲风,古梅枝婆娑,造型婀娜多姿,刀工精美至极,堪称石雕艺术精品。

■ 徽州石雕

徽州砖雕多用于
装饰门罩，贴墙牌
坊、屋脊上的"人"
字封檐、庭院漏明窗
以及隐壁、照壁上。
在宽不盈尺、厚不及
寸的幅面上，或奇花
瑞兽，或人物山水，
或楼台亭阁，各臻
其妙。

■ 徽州砖雕

明代的砖雕图案简洁，以平、浮雕为主，风格粗
犷朴素。清代砖雕风格渐趋细腻繁复，注重情节和构
图，透雕层次加深。

在见方尺余、厚不及寸的砖坯上雕出情节复杂，
多层镂空的画面，从近景至远景，前后透视，层次分
明，给人精妙无比的美感。

徽州古建筑十分看重门楼门罩的装饰，素有"千
斤门楼四两屋"之称，门楼上的主要构件就是砖雕和
石雕，尤以砖雕为多。

徽州砖雕的用料与制作极为考究。一般采用经特
殊技艺烧制、掷地有声、色泽纯青的青砖为材料，先
细磨成坯，在上面勾勒出画面的部位，凿出物象的深
浅，确定画面的远近层次，然后再根据各个部位的轮
廓进行精心刻画，局部"出细"，使事先设计好的图
案一一凸现出来。

砖雕在歙县、黟县、婺源、休宁、屯溪诸地随处

抱鼓石 指位于宅
门入口，形似圆
鼓的两块人工雕
琢的石制构件，
因为它有一个犹
如抱鼓的形态承
托于石座之上，
故此得名。抱鼓
石民间称谓较多，
如：石鼓、门鼓、
圆鼓子、石螺鼓、
石镜等。是能标
志屋主等级差别
和身份地位的装
饰艺术品。

■ 徽州砖雕

可见。古老民居、祠堂、庙宇等建筑物上镶嵌的砖雕，虽经岁月的磨砺，风雨的剥蚀，依然是玲珑剔透，耐人寻味。

砖雕取材则多选自民间传说戏文故事，如"八仙过海"、"刘海戏金蟾"、"郭子仪拜寿"等，简单的则是八宝、双钱、瑞兽、香草等图案，体现了房主人祈求吉祥、丰收、富贵、长寿等美好寄托。

由于徽州建筑多为砖木石结构，竹楼极少，因此竹雕用于建筑物的装饰较为少见。竹雕主要用于摆设装饰，如常见的工艺品，包括屏风、告屏、挂屏、插花瓶、文具盒、牙签盒、烟灰盒、茶叶筒、帽商、笔筒、筷筒、楹联、腕枕、餐具等，都饰以竹雕。

徽州竹雕一般以徽州盛产的毛竹为原料，以刀代笔，因材施艺，运用线刻、浅浮雕、深浮雕等工艺，雕出各种书画。这些作品，有名人的书法墨迹，有名胜古迹的山川风貌，有民间传说的神话故事，有珍禽异兽的千姿百态，题材极其广泛。

清代时，徽州竹雕无论在内容、形式、技术各方面都日趋丰富和完善，由于拼接工艺的发展，竹雕突破了大小的限制，使较大面积的竹雕成为可能，使竹雕器具的制作更加方便灵活。

挂屏 贴在有框的木板上或镶嵌在镜框里供悬挂用的屏条。清代初期出现挂屏，多代替画轴在墙壁上悬挂，成为纯装饰性的品类。它一般成对或成套使用，如4扇一组称"四扇屏"，8扇一组称"八扇屏"，也有中间挂一中堂，两边各挂一扇对联的。

有一把竹制茶壶为徽州竹雕的杰作。

此壶通身竹质，自底至盖，以及盖上的纽，均为竹子做成。壶上雕刻精细，显身为八面柱体形，面面有雕刻。其中四面为画，皆各类花草。三面为字，一写道"客到相待时"；二写道"茶来渴者多"；三写道"竹壶世间少"。

无论字，还是画，用刀均细腻，线条流畅。

此壶高11厘米，直径88厘米，口径45厘米。一壶配四杯，壶带杯，杯拥壶烘月托云，相得益彰，浑然一体。

徽州四雕的制作程序因材料、工具和技法的不同而有差异。

如砖雕的制作程序包括修砖、放样、打坯、出细、打磨、修补等，传统工具主要有木炭棒、凿、砖刨、撬、木槌、磨石、砂布、弓锯、棕刷、牵钻等。

木雕的制作程序包括取料、放样、打粗坯、打中坯、打细坯、打磨、揩油上漆等环节，传统工具主要有小斧头、硬木锤、凿、雕刀、钢丝锯、磨石、砂布等。

石雕的制作程序包括石料加工、起稿、打荒、打糙、掏挖空当、打细等环节，传统工

腕枕 古代文人必备的一种用具，写字时用它搁放手臂，所以有时也可称为"搁臂"或"臂搁"。腕枕一般多是竹木、象牙质地，其中以竹制为多，镌刻的内容有文字也有图案，通常是座右铭、诗画以及赠言等。

■徽州砖雕

徽州三雕

具主要有錾子、楔、扁錾、刻刀、锤、斧、剁斧、哈子、剁子、磨头等。

竹雕是将竹子从中剖开，形成两块半弧形竹片可以用来制作包柱的雕刻楹联，一般将字雕成阴文，填以石绿色料，悬于厅内，古色古香。有的还在半弧形竹片上雕成画面，用作建筑物的装饰部件，但多数是独立成画，雕刻较为精细。

竹雕有的用漆，有的保持竹质本色；即使用漆，一般也都用浅色，或用桐油涂于表面，既有光泽，又能透出竹质纤维的脉理，以达清新淡雅的审美效果。

徽州木雕代表作为黟县的承志堂和木雕楼，尤其是承志堂里的雕梁木雕"百子闹元宵"。

石雕代表作为歙县的棠樾牌坊群和黟县西递的"松石"、"竹梅"姐妹石雕漏窗，尤其是姐妹石雕漏

楹联 又称对偶、门对、春贴、春联、对子、桃符等，是写在纸、布上或刻在竹子、木头、柱子上的对偶句语言，对仗工整，平仄协调，是一字一音的中文语言独特的艺术形式。对联相传起于五代后蜀主孟昶。它是中华民族的文化瑰宝。

窗，左右各一，达到了"字诗、画意对"艺术佳境。

砖雕代表作则为屯溪滨江长廊里的"五百里黄山图"大型砖雕，无论从入画景点之多、画幅面积之大、透视层次之众和雕刻手法之全来看，都是登峰造极的绝世佳作。

徽州四雕的内容，主要为民间传说、戏文故事、花鸟瑞兽、龙狮马鹿、名胜风光、民情风俗、渔樵耕读、明暗八仙等。

其雕刻技法，一般多为浮雕、圆雕、透雕、镂空雕、正反雕等，或单一运用，或组合使用。取材构思上敢于突破创新，新颖别致。布局上则常用夸张手法，如"人大于山，马大于楼"，主题突出，形象饱满，可谓动静皆具逸韵，人物无不传神。

徽州四雕是古徽州人民聪明才智的艺术结晶，是博大精深的徽州文化的组成部分，是我国雕刻史上的奇迹，极具历史和文化价值。

阅读链接

黟县宏村承志堂位于宏村上水圳中段，建于1855年，是清代末期大盐商汪定贵的住宅。

整栋建筑为木结构，内部砖、石、木雕装饰富丽堂皇，总占地面积约2100平方米，建筑面积3000余平方米，是一幢保存完整的大型民居建筑。全宅有9个天井，大小房间60间，136根木柱，大小门窗60个。全屋分内院、外院、前堂、后堂、东厢、西厢、书房厅、鱼塘厅、厨房、马厩等。

承志堂气势恢弘，不同凡响，堪称建筑中的佳作，尤其是其中的木雕，大多层次繁复，人物众多，并且木雕表面均涂有金粉，使其看上去富丽堂皇，所以，宏村承志堂被誉为"民间故宫"。

精良优美的徽州刻书

刻书是用雕版印刷术印制的书籍的通称。我国古代出版的书籍大都是刻书。其中由官府刻印的书称"官刻本",由私家刻印的书称"家刻本"或"家塾本",由书商刻印的书称"坊刻本"。

雕版

刻书是人类社会重要的文化活动之一,它的风格面貌反映着当时的政治、经济状况和文化风尚。书籍校勘的精粗、开本的大小、版式的规制、刀法的精拙、印纸的优劣、墨色的好坏、字体的风格、装帧的特点等,都可以透露出社会的时代气息。

宋元时期是我国雕版印刷业的黄金时代,期间,安徽地区已形成以徽州为中心的沿江府州刻

■ 传统雕版

书带。安徽地区刻书近150种，加上重版、修补版和重印版，计有200余起。

宋代徽州官刻机构为徽州州学，又名"新安郡学"，还有州署等。1246年在歙县城南门外建紫阳书院以取代州学，仍用徽州州学、新安郡斋等名义刻书。

南宋时期，徽州直署州学、新安郡斋所刻超过20种，总卷数超过800卷。南宋时期徽州地区本籍、寄籍以及地方官的家刻名版很多。

1252年，徽州知州在紫阳书院以新安郡斋名义刻《九经要义》9种263卷和《大易集义》64卷。其中，93卷中有73卷，版刻精良，印制技艺高超，以徽郡名纸为载体，一般学者都把它当作家刻经部的代表。此书版本价值大。

徽州黟县学者汪纲是南宋时期著名的七大私刻家

雕版印刷术 在版料上雕刻图文引径行印刷的技术。它在我国的发展，经历了由印章、墨拓石碑到雕版，再到活字版的几个阶段。其版料选用纹质细密坚实的木材。把木材锯成小块木板，把字写在薄纸上，反贴在木板上，用刀雕刻成阳文。雕好以后，就可以印书了。

■ 年画雕版

之一。汪纲刻书大都是在外为官所为。

1210年，汪纲在高邮知军任上再刊陈旉《农书》3卷、秦观《蚕书》1卷。

又在1224年在绍兴知府任上在会稽郡斋刻东汉·赵晔撰《吴越春秋》10卷，汉·袁康、吴平辑录的《越绝书》15卷，并分别将此版转让给家乡徽州州学，以新安郡斋为号印行。

又将家乡徽州州学所刻宋代叶适《习学记言》等书在会稽印行。还将洪适守绍兴刻自选《万首唐人绝句诗》前46卷与续55卷刻于鄱阳本中的鄱阳部分刻于绍兴府。

元代徽州作为区域性刻书中心的地位大大加强。元代安徽地区刻书52起46种中，徽州境内刻书就达28起27种。其中，官刻8起8种，家刻20起19种。

宋元时期，徽州所刻图书一般均具有部头大、印制精、名版多等特点。徽州宋版印书以本地所产名纸为载体，字大疏朗，纸墨均佳。有不少版本为历代翻刻影印的祖本，向为书林珍重。

明代初期，徽州府刻书仍然沿着官刻、家刻两个刻书系统继续保持和发展其地方区域性刻书。随着坊刻业的崛兴，徽州府的刻书内容更加广泛。

由初期注重经史、丛书、类书，进而转为迎合多层次读者需要而包罗万象，并以刻工精、插图美等徽派特色，有效地克服了明代坊刻本普遍存在的改窜质差的毛病，从而享誉读者，彪炳出版史册。

总体上看，明代徽州府的官刻本具有版本精良、纸优墨匀等特点。

家刻方面，明清时期，徽州府学术繁荣，硕儒宿学不断涌现，著述丰富。不少世蕴儒仕之家以著书、刻书、藏书为荣。因此，徽州府家刻一直盛而不衰。

明末清初，著名的家刻有汪道昆、汪启淑、汪梧凤、鲍康、程瑶田等。家刻的主要内容是本人、先人及师长贤哲的诗文集杂及经、史、子、集方面的著述。

诗人、剧作家汪道昆是歙县岩镇人，他的家刻以大雅堂为号，刻书超过百卷，所刻书多善本。

著名的刻本有明代万历年间刻自撰《春秋节文》15卷、《副墨》8卷等，为国家级善本书。明代万历间刻自撰的《大雅堂杂剧四种》4卷，附徐渭撰《四声猿》4种4卷，所附4幅双面大版，为版画家黄应瑞所刻，刻印精美绝伦，为徽派版画中的上乘之作。

休宁的经学家吴继仕所刻自著的《六经图》《音声纪元》《七经图》《四书图考》等经部图书为当时的名版，一向为后世所推崇，为国家级善本书。

087

守护之魂

徽州拾英

■ 古画雕版

其中，《六经图》6卷，后有"图像俱精，字纸兼美，一照宋本，核刻无讹"广告式识语，比之实物也毫不夸张。

休宁籍官汪廷讷寓居南京，开创环翠堂刻坊，刻书20余种。其中1609年刻自撰《坐隐先生全集》3种18卷为国家级善本书。尤其是自编历史人物传记插图本《人镜阳秋》等书中的插图气势雄伟，构图优美，不少是徽派版画中的杰作。

明清时期，徽州府家刻的另一重要内容是谱牒。这类家刻本品种多，部头大，印制精，印数少，资料丰富，所以十分宝贵。主要品种有家谱、房谱、世谱等名目。

在坊刻方面，明代时，一大批经济实力雄厚、文化修养很高的徽商以及学者、官僚组成庞大的徽州府内域外的坊刻网。

徽州许多大刻书家既是古玩珍奇的鉴赏家、收藏家，更是饱学之士，簿籍书画的收藏家、校勘学家和版本目录学家。他们把很大精力投注于整理古籍和刻书事业。

他们在出书品种和版式上，以插图本、丛书、类书、迎合广大市民阶层的通俗文学、农工仕商的实用图书等，以满足多层次读者需求

雕版印刷模具

的出版总目标取胜，很快在出版界崭露头角。使徽州府六邑之内书坊林立，并很快形成以府治歙县为中心，歙、休宁两县为重点的全国四大刻书中心之一。

不少徽州书商和官僚学者们还把编、印、发场所设于南京、苏州、杭州、常州、扬州等全国著名的出版城市，迅速地改变了历史上安徽地区出版以官刻、家刻为主的出版格局。同时，以徽派独有的优势推动全国各有关出版城市的出版形势，形成徽派出版的独有特色。

■木雕版

在1602年至1606年间，徽州府发明了套印法，又名套版印刷法。这是明代，也是雕版印刷术发明以来最大的一次技术革命。

它的印刷原理与近现代的石带、铅印、胶印等印刷法的基本原理是一致的。套版印刷术经过休宁籍出版家胡正言在金陵十竹斋加以改良，形成更加先进的"饾版"、"拱花"法加以完善，使雕版彩色印刷技术更臻完善，进一步开拓了彩色印刷技术的先河。

所谓套印，就是用两块以上的版片，用不同的颜色，套印在同一书页上，印出两种以上颜色的图书或图画的方法。用这种方法印出的图书，既便于阅读，又能使人感到赏心悦目的快感。

在套版印刷术发明前，印刷界为了使读者阅读方便，或为美观

■ 印刷模具

家谱 又称谱、家乘、祖谱、宗谱等。一种以表谱形式，记载一个以血缘关系为主体的家族世系繁衍和重要人物事迹的特殊图书体裁。家谱是一种特殊的文献，就其内容而言，是我国5000年文明史中最具有平民特色的文献，记载的是同宗共祖血缘集团世系人物和事迹等方面情况的历史图籍。

计，采用朱、墨、蓝印或多色刷印。其法是用双色或多色涂版印刷。即在一块书版上根据文、注、疏等或在图样上涂上不同的颜色印在书页上。

这种印法虽然精致多彩，但是绝非同一版式套印，而是分次捺印或盖印而成。用这种办法印制彩图、彩页的历史较久，有很多优良的作品都是这种技术的产物。

歙县岩镇的制墨大师程君房的滋兰堂最先采用套印技术，于1605年，对其最后定本的大型推销墨制品广告画册的《程氏墨苑》14卷，附汇聚诸名公赠诗序跋为《人文爵里》9卷，并将评介程墨的文字辑为《程君房墨赞》7卷的墨印本《程氏墨苑》中的50余幅墨图改印为四色、五色彩印。

刻印精审达到"刀头具眼，指节通灵，一丝末毫，全依削镂之神。人物故事，山水官室，细纹密镂，栩然如真"的程度，尤其是改印中的《天姥对庭图》中的红、黄诸色，凤凰和翠竹非常美丽，为徽派版画和彩色套印制品中的代表作。

清代徽州府官刻本以各类志书和政书为主，各级官署刻印各类专著已很少，只有紫阳书院仍为徽州府最大的官刻机构。

清代休宁县境内谱坊林立，谱匠萃集。此时印谱技艺日益讲究，既注意插图绘刻的精美，又普遍使用木活字印刷。印谱工艺已成为家传户习的专门技术。

不少家谱迭经增修，篇幅越来越大。家谱书记述了家族的历史、世系变迁、官宦、学术、兴衰、丧葬、婚姻、祀典、家规家法、历史事件等方面的内容。

对于研究宗法思想、家族制度、民族迁徙融合及经济、社会、政治史都有很大的文献价值。

精美绝伦的版面插图是徽派刻书业的最大优势。徽派版面插图大都出自黄、汪、刘等徽州高手。其中，十之八九出自歙县虬村黄氏刻工。

他们之中有不少人不仅是刻书能手，而且多是能书善画及自行布稿的版面雕刻大师。

木活字印刷 木活字印刷较泥活字和铜、锡、铅等金属活字，在制作上是较为简便、容易的一种活字印刷。主要方法是在木版上刻好阳文反字之后，锯成单字，用刀修齐，统一大小高低，然后排字，行间隔以竹片，排满一版框，用小竹片垫平并塞紧后涂墨铺纸刷印。

■ 雕版印刷工具

阴阳 源自古代中国人民的自然观。古人观察到自然界中各种对立又相联的大自然现象，如天地、日月、昼夜、寒暑、男女、上下等，以哲学的思想方式，归纳出"阴阳"的概念。早至春秋时代的易传以及老子的道德经都有提到阴阳。阴阳理论已经渗透到中国传统文化的方方面面，包括宗教，哲学，历法，中医，书法，建筑堪舆，占卜等。

■ 印刷模具

他们对于难度大、内容复杂的画稿也能从理解制作上充分表达画家的思想境界，栩栩如生地再现画面，达到渲染环境、烘托主题的目的，做到阐工尽巧、神达韵臻的地步。

在众多的徽派插图本出版物中，黄氏刻工参与插图的名工不下百人，插图书数百种，而称得上为木刻画家的也不下30余人。他们精雕细刻的版画刀法精湛传神，当时就有"雕龙手"、"宇内奇士"的称誉。

徽州地区古代刻书是我国古代出版史上最辉煌的一页和最突出的部分。

饾版印刷术是在套印法的原理指导下，把所需要的颜色、版样分别雕出一块块小板，然后堆砌拼凑，似如饾订，按序多次套版印刷的方法。

这种方法将彩色画稿按不同的颜色分别勾摹下来，依照画面加以分部摘套，并依次分别刻色版多次印刷。一幅画往往要画几十块版，按轻重先后套印

六七十次，使印出的画面颜色深浅、阴阳向背无异于原作。

　　拱花法是用凸凹雕版嵌合压印在纸上，使纸面拱起花纹的无色印刷，此法可使画面中的流水、白云、鸟类羽毛、花叶的脉纹显得更加剔透、素雅。用饾版和拱花法印出的彩色图画极尽造化神功，把徽派版画的技艺推向顶峰。

阅读链接

　　徽州地区对古代出版业的杰出贡献主要体现在培养造就一支技精艺高的出版队伍和对雕版印刷技术的革新方面，创造革新套印技术，采用饾版、拱花方法，把雕版印刷技术推向顶峰，开现代彩色印刷的先河。

　　这是继套印法之后又一重大的印刷技术突破，是中外版画史上的里程碑事件，也是安徽地区出版界对世界印刷史的又一重大的贡献。

气韵流畅的徽派篆刻

■ 古代篆刻印章

徽派篆刻兴起于明代中后期，那个时候徽州人何震、苏宣、朱简、汪关等篆刻名家声名鹊起，世人称"徽派"。

在他们的影响下，徽派篆刻名家迭起，高手辈出，先后涌现出李流芳、汪涛、胡文淳、罗王常、汪镐京、程林、胡正言、金光先、汪宏度等一大批优秀篆刻家，形成徽派篆刻的第一个高潮期。

清代早中期，歙县程邃、巴慰祖、胡长庚、汪肇隆等人继承何、苏、朱、汪等印家的长处而又变革创新，专学秦汉，变化多姿，用力简涩，自成一体，人称"歙四子"。

与歙四子同期的黄吕、黄宗缉、汪士慎、程瑶田、汪启淑、唐燧、程奂轮、程芝华、汪绍增、汪文适、陈思圣等徽州印人各呈风姿，形成徽派篆刻的第二个高潮期。

至清朝晚期，以黟县黄子陵为代表的徽派篆刻家再一次掀起了高潮，人称"黟山派"。黄士陵以其深厚的金石学修养，弃几百年来印家以切刀法毕仿烂铜印追求古拙残破美的传统习惯，自立新意，影响了后来的齐白石、李尹桑等人，形成徽派篆刻的第三个高潮。

■ 篆刻书法

徽州篆刻家"崇古"思维，从何震直至黄宾虹，都是如此。他们从借鉴前辈印风入手，师从而不守旧，崇古而不泥古。

用不同的方式，从不同的层面，吸取古代印章的营养，形成个人印风面貌多样的格局，成为徽派篆刻艺术特征。

何震，休宁人，他一生以刻印为生，刀法娴熟，但对字法不熟，他为了提高自己在文字上的学养功夫，前往苏州文彭处积极学习有关六书方面的知识，刻苦临摹石鼓文、钟鼎文字。

他用笔运刀，笔有尖齐圆健，刀宜坚利平锋。执

金石学 金石学是我国考古学的前身。它是以古代青铜器和石刻碑碣为主要研究对象的一门学科，偏重于著录和考证文字资料，以达到证经补史的目的，特别是其上的文字铭刻及拓片；广义上的金石学还包括竹简、甲骨、玉器、砖瓦、封泥、兵符、明器等一般文物。

刀有力,运刀迅速,刀随意动,意指刀达,刀中有笔,相得益彰,实现了刀法与书法的一致,内容与风格的统一。

又创单刀边款,顿挫跌宕,欹斜错落,蕴意深邃,具有气势磅礴、淋漓雄浑的独特风格。其作品不拘一格,充分表现个性。

何震的刻工再现秦汉印章的凿、铸、镂、琢之美,气韵流畅,成为明末印坛上的领军人物。

苏宣,字尔宣、啸民、朗公,歙县人。曾纵览秦汉印章,眼界大开,由此领悟到篆刻创作要有变化,于是将《石鼓》《季札》等碑刻上的韵趣用于篆刻,文字之间故作剥蚀的痕迹,很有金石味。

苏宣刀法老辣,书味盎然。印文用古篆,每一笔画的首尾两端都呈尖状,笔势飞动,印文结构重视变化。劲力所到之处石花斑驳,古趣盎然。

朱简,字修能,号畸臣,休宁人。以草篆入印,注重笔意刀韵,使笔画线条之间具有一种呼应连贯自然和畅之意,从而突出笔画造型感。

他还开创了短刀碎切技法,把每根线条的镌刻分解为短刀连缀,从而使笔画线条产生一种跌宕起伏的节奏感与韵律感,具有涩滞苍莽的金石效果,切刀的痕迹明显,刀刀表现着笔意。

横画都顺着笔势,有的弓形

■ 东汉龟钮铜印章

向上，有的向下。直画有的带着斜势，起笔、收笔都较凝重，撇捺笔势分明。放中有收，收中有放，富有新意。

朱简还具有很深的印学理论造诣，著有《印章要论》《印品》，在阐述印章的古今流变之余，同时考证了金石碑版法帖之间的关系，还对当时各家印作进行批评，颇有卓见。

汪关，字尹子、呆叔，歙县人。他与何震齐名，他一变何震之法，直追秦汉铸印，以冲刀法开创一种与何震大不相同的工整雅妍的面目。

■明代双兽钮印章

明代末期篆刻家分为"猛利"和"和平"两派，何震为"猛利"派代表人物，汪关为"和平"派代表人物，可谓名重一时。汪关的印文的笔画以直线为主旋律，方折劲挺，清爽悦目。

布局取汉印匀称平实之法，有些结构简单的字屈叠笔画示繁势，以填塞白地，有些结构复杂的字简减笔画求简势，字里行间的组合，紧实严整形成了一个庄严的整体。

程邃，字穆情，歙县人。他精于金石考证之学，又擅长铜玉器的鉴别。篆刻白文印多取法浑朴的汉铸印，参以己见而出新意。印文方中寓圆，不露圭角，疏密均衡自然，苍浑凝重。

石碑 把功绩勒于石土，以传后世的一种石刻。一般以文字为其主要部分，上有螭首，下有龟趺。大约在周代，碑便在宫廷和宗庙中出现，但此时的碑与后来的碑功能不同。此时宫廷中的碑是用来根据它在阳光中投下的影子位置变化推算时间的；宗庙中的碑则是作为拴系祭祀用的牲畜的石柱子。

097

守护之魂
徽州拾英

■ 清代五面印

朱文印则多以钟鼎款识之大篆参合小篆入印，并作较粗笔画的印文，追求苍浑古朴、凝重的风格，富有笔意。

"徐旭龄印"为其代表作，此印在形式上取法汉印，但在印文、布排、朱白等方面极尽匠心。印文用笔圆润浑穆，转折处不露棱角，以直线为主，略参弧笔，将动与静有机地结合，庄重中蕴含了灵巧。

巴慰祖，字隽堂、晋唐，号子籍、子安、莲舫，歙县人。家境富裕，雅爱收藏古玩和书画、印章，珍品颇多。治印初学程邃，后来变更风格，改宗汉代古印，构思奇巧，章法绵密，字体工秀，得汉印之神而又有自己的面目。

黄士陵，字牧甫，别号黟山人，清代黟县人。

他的篆刻不敲边，不击角，不加修饰，专以薄刃冲刀去追求汉印光洁妍美的本来面目，表现完整如新的汉印所具有的锋锐挺劲的精神，从而形成他那种方正中见逸动，挺劲中寓秀雅的刻印风格。他的刻印章法极讲究疏密、穿插、变化，不少印作都显得匠心独运，意趣横溢。

他还扩大了篆刻取资的范围，不论彝鼎、权量、诏版、泉币、镜铭、古陶、砖瓦、石刻都能熔铸到自己的印章中去。他的不少作品带有鼎彝、镜铭等文字

098

地方显学

徽州文化特色与形态

印章 用作印于文件上表示鉴定或签署的文具，一般印章都会先沾上颜料再印上，不沾颜料、印上平面后会呈现凹凸的称为"钢印"，有些是印于蜡或火漆上、信封上的蜡印。制作材质有金属、木头、石头、玉石等。

的风味，看似平常而变化无穷，能于徽派篆刻衰竭之时独树一帜，卓然成家。

他的边款也独具一格，以单刀拟六朝碑刻楷书，边款文辞隽永，翰墨味很浓。

所作朱文印"黄绍宪"用的是金文，整个印右疏左密，"宪"字头部粘到"绍"字上去，使其错综复杂，众多大小不一的圆圈或半圆圈互为呼应，形成一个生动的印面，分散而又紧密。

黄士陵一生治印万余方，留有书画千余幅，是清代后期书、画、篆刻大师。其中尤以篆刻成就最高，以薄刃冲刀重现秦汉玺印面目，独具峻峭古丽风采，被列为"晚清印坛四大家"。

黄士陵为了增加自己的学养，到全国最高学府——国子监去读书，专心致力于金石学的学习与研究，因此能够见到当时旧藏与新出土的金石文物拓片，眼界大大提高，视野更为开阔，印艺也相应得到新的滋养。

黄士陵创立的徽派篆刻——"黟山派"，在浙、皖派外另辟蹊径，对篆刻发展做出重大贡献的同时也影响了众多名家。

徽州印人注重学养，既得益于徽州文化的深厚底蕴，又善于融会各种学问于篆刻之中，是造成徽派篆刻成就辉煌的重要原因之一。

■ 清代黄士陵篆书对联

清代鸡血石印章

徽州印刻家在突出个性的印学理念指导下，不断地在篆刻领域推陈出新，推动了篆刻艺术的发展。由于个性的差异，在共同的"崇古"思维、审美意趣、创作取向基础上，体现出来的个人风格也有所不同。

正是由于徽派篆刻的崛起，才真正确立了篆刻造型艺术地位，实现了由印章实用艺术向篆刻造型欣赏艺术的转变。

阅读链接

邓石如，号完白山人，他从小受父亲的影响，爱好书法、篆刻，经常临摹其父的书法和刻印，逐渐在乡里小有名气，书法和篆刻得到文人士大夫的青睐。

邓石如在艺术道路上的成长，同徽州人的提携和帮助是分不开的。

1778年，36岁的邓石如遇到了长他18岁的程瑶田，那个时候程瑶田已经是一位颇有成就的经学家、书法家和篆刻家。邓石如对程瑶田的学识极为钦佩，诚心问学。程瑶田对邓石如进行了悉心指导。

1781年，邓石如游艺徽州，经程瑶田的介绍，和众多徽州篆刻家进行了交流和切磋。

极富内涵的徽州建筑

徽州建筑是我国古建筑最重要的流派之一，主要流行在古徽州地区。

在徽州地区至今尚有大量徽派古建遗存，散落在徽州大大小小的村落中。

徽派建筑的形成过程，受到了徽州独特的历史地理环境和人文观念的影响。这里原来是古越人的聚居地，其居住形式为适应山区生活的"干栏式"建筑。

后来中原士族的大规模迁入，带来了先进的中原文

徽州民居

四合院 华北地区民用住宅中的一种组合建筑形式，是一种四四方方或者是长方形的院落。"四"代表东西南北四面，"合"是合在一起，形成一个口字形，这是四合院的基本特征。北京四合院建筑雅致，结构精巧，数量众多，是四合院建筑的代表。

■ 徽派建筑之天井

化。中原文明与古越文化的交流融合，直接体现在建筑形式上。

早期徽派建筑中典型的"楼上厅"形式，楼上厅室特别轩敞，是人们日常活动休憩之处。这是因为山区潮湿，为了防止瘴疠之气，而保留了越人"干栏式"建筑的格局。

同时，由于大量移民的涌入，人稠地狭，构建楼房也成为最佳选择，但多依山就势，局促一方。

为解决通风采光问题，中原的"四合院"形式又演变成为适应险恶的山区环境，既封闭又通畅的徽州"天井"。

而山区木结构的房屋又易于遭受火灾，为了避免火势的蔓延，便又产生了马头墙。

早期的徽派建筑形式，正是外来移民与原住民文化交融的产物。

明代中期以后，徽商崛起。致富后的徽州商人，争相在家乡建住宅、园林，修祠堂，立牌坊，兴道观、寺庙。

由于徽商"贾而好儒"的特点，徽商们在建筑中注入了自己对住

■徽州园林建筑

宅布局、结构、内部装饰、厅堂布置的看法，促使徽派建筑逐渐形成风格独特的建筑体系，使徽派建筑不仅具有实用性，还蕴含有丰富的文化内涵。

徽派建筑的特色主要体现在村落民居、祠堂庙宇、牌坊和园林等建筑实体中。徽派古建筑以砖、木、石为原料，以木构架为主。梁架多用料硕大，而且注重装饰。

其横梁中部略微拱起，故民间俗称为"冬瓜梁"。其风格最为鲜明的是，大量遗存的传统民居村落从选址、设计、造型、结构、布局到装饰美化都集中反映了徽州的山地特征、风水意愿和地域美饰倾向。

徽州民居讲究自然情趣和山水灵气，房屋布局重视与周围环境的协调，自古有"无山无水不成居"之说。

徽州古民居大多坐落在青山绿水之间，依山傍水，与亭台楼阁塔坊等建筑交相辉映，构成"小桥流水人家"的优美境界。

徽州村落建筑的选址一般都要按照阴阳五行学说，周密地观察自然和利用自然，以臻天时、地利、人和诸吉皆备，达到"天人合一"的境界。

村落一般依山傍水，住宅多面临街巷，粉墙黛瓦，鳞次栉比，散落在山麓或丛林之间，浓绿与黑白相映，形成独自的特色和风格。

同时修建大量的文化建筑，如书院、楼阁、祠堂、牌坊、古塔和园林杂陈其间，使得整个环境富有文化气息和园林情趣。

站在高处远望村落，只见白墙青瓦，层层叠叠，跌宕起伏，错落有致。

在民居的外部造型上，层层跌落的马头墙高出屋脊，有的中间高两头低，微见屋脊坡顶，半掩半映，半藏半露，黑白分明；有的上端"人"字形斜下，两端跌落数阶，檐角青瓦起垫飞翘。

在蔚蓝的天际间，勾画出民居墙头与天空的轮廓

祠堂 又称享堂。祠堂有多种用途。除了"崇宗祀祖"之用外，各房子孙平时有办理婚、寿、喜等事时，便利用这些宽广的祠堂以作为活动之用。另外，族亲们有时为了商议族内的重要事务，也利用祠堂作为聚会场所。

■徽州民居马头墙

线，不仅增加了空间的层次和韵律美，而且体现了天人之间的和谐。

民宅多为楼房，通常以开井院落为单元，少则两三个，多则十多个，最多达24个、36个。随着时间推移和人口增长，单元还可以不断增添、扩展和完善，符合徽人崇尚几代同堂、几房同堂的习俗。

民居前后或侧旁，设有庭院和小花园，置石桌石凳，掘水井鱼池，植花卉果木，甚至叠果木，甚至叠假山，造流泉，饰漏窗，力求和自然和谐一体。

在内部装饰上力求精美，梁栋檩板无不描金绘彩，尤其是充分运用木、砖、石雕艺术，在斗拱飞檐、窗棂扇、门罩屋翎、花门栏杆、神位龛座上，精雕细琢。

内容有日月云涛、山水楼台等景物，花草虫鱼、飞禽走兽等画面，传说故事、神话历史等戏文，还有耕织渔樵、仕学孝悌等民情。题材广泛，内容丰富，雕刻精美，活生生一部明清风情长卷，赋予原本呆滞、单调的静体以生命，使之跃跃欲动，栩栩如生。

传统徽州宅居最基本的格局是三间式，一般为三开间、内天井，民间俗称为"一颗印"。平面布局对称，中间厅堂，两侧厢房，楼梯在厅堂前后或在左右两侧。

入口处形成一内天井，作为采光通风用。在此基础上建筑纵横发

■徽州民居

展、组合，可形成四合式、大厅式和穿堂式等格局。四合式大多为人口多的家庭居住，也可说是两组三间式相向组合而成，可分为大四合与小四合。

大四合式前厅与后厅相向，中间是大天井。前厅是三间式，但地坪较高，为正厅堂；后厅亦为三间式，但进深可略浅，地平面较前厅低。前后两厅以厢房相连，活动隔扇，楼梯间有设于厢房的，也有设在前厅背后的。

内部木板分隔，外墙均为砖墙出山马头墙。天井则根据地形可大可小，也有的在前厅背后再设厢房、小天井。这种大四合式住宅前后均有楼层。

小四合式前厅三间与大四合式同，后厅则为平房，也更小，进深浅，一般中间明堂不能构成后厅，而作为通道，两个房间供居住，天井也较小，楼梯均在前厅背后。

古民居、古祠堂、古牌坊，是徽州建筑文化的典范，合称"古建三绝"。

古徽州盛行敦本敬祖之风，各村均建祠堂。通常宗祠规模宏伟，家祠小巧玲珑，形成一个风格古雅的祠堂群。

牌坊 又名牌楼，为门洞式纪念性建筑物。是封建社会为表彰功勋、科第、德政以及忠孝节义所立的建筑物。也有一些宫观寺庙以牌坊作为山门的，还有的是用来标明地名的。同时牌坊也是祠堂的附属建筑物，昭示家族先人的高尚美德和丰功伟绩，兼有祭祖的功能。

古徽州名门望族修祠扩宇、营建支祠，规模胜似琼楼玉宇，以显示家族的昌盛。

黟县南屏全村共有30多座祠堂，宗祠规模宏伟，家祠小巧玲珑，形成一个风格古雅的祠堂群。村前横店街就有八座祠堂。

"序秩堂"、"程氏宗祠"为两大宗祠，另有三座支祠和三座家祠，可以称得上是我国封建宗法势力的博物馆。

这些大祠堂，用料硕大厚实，有的竟采用整块的大木料做月梁，用整根大木料作为厅柱，开凿出整块的大石板作为台阶。

祠堂的享堂、寝堂采用一色的名贵木材，如银杏等，称白果厅，也有重梁叠架，称"百梁厅"。祠堂大门多做五凤楼，高墙翘角。整座祠堂庄严肃穆，体现出族法族规的神圣威严。

古徽州文风昌盛，教育发达，"以才入仕、以文垂世"者代不乏人，灿若繁星。为表彰宦绩政声、孝子义士等，徽州人多采用"立牌坊"的办法以传显荣光，流芳百世。

徽州宗祠

徽州牌坊大致分为两类：一类题名坊，用来作为桥梁、墓道、祠堂、里坊、衙署门前的标志性建筑；一类是旌表坊，是直接用来褒扬功名政绩，彰表贞烈节孝人物。

牌坊是一种文化现象，内涵丰富，承载着许多历史因素。

徽州牌坊

徽州古牌坊结构严谨，布局合理，规模宏大，每一块梁枋，每一件镶嵌都合乎力度。

牌坊型制不一，有楼脊式，冲天柱式；有方形四柱、八柱，也有一字形单门和三门的；有遍饰雕刻，也有平琢浑磨、不事雕饰的，其排列有纵列7道、4道，也有3座横列一排。总之，用料上乘，雕刻精美，宏伟壮观。

好的建筑离不开精美的雕刻。徽州木雕、砖雕、石雕是徽州古建筑中的最精华的部分，是古建筑艺术中最灿烂的篇章。在徽州，无论是古民居、祠堂或牌坊，处处雕饰着精美图案。

从雕刻技法来看，徽州"三雕"多属于浮雕、高浮雕，并有透雕、圆雕、线刻与多种技法并用，"三雕"不仅仅只是一种传统的民间工艺，它们还体现了深厚的文化底蕴。

徽州"三雕"自身所具有的特殊性，是明清时期的文人画与其他艺术都不可替代的，同时代的其他地区建筑雕刻也难以与之比肩。

其内容之丰富，文化内涵之深厚，造型语言之纯熟，雕刻工艺之精湛，都堪称无可替代的传世珍品。它能存在若干世纪，并为民间百姓所喜爱，这本身就是非常有研究价值的艺术现象。

木雕在徽州古建筑上的表现，一般是通过梁架、斗拱、雀替、檐条、楼层栏板、华板、柱拱、窗扇、栏杆等木质建材来进行雕刻。

大凡窗子下方、天井四周的栏板、檐条，总是用浮雕技法较多，其内容也多为戏剧文学故事、花鸟、文物古玩图案。在梁托、雀替、斗拱以及月梁上，一般采用圆雕技法较多。

木雕工艺由两道工序组成：第一道为打坯，实即构思或构图，在料面上凿出画面的轮廓，确定其部位和层次，区分前、中、远三景；第二道为出细，即在打坯轮廓的基础上进行精雕细刻，使人物和景物凸现出来。

在木料的选择上，可以说是尽其所用。木质材料在徽地储量和品种俱丰，诸如松、杉、杏、柏、椿、榧、樟、楠、枣、梨等各色树木，应有尽有。这为选材提供了极大的方便。

砖雕所用的材料是特技

文人画 也称"士大夫甲意画"、"士夫画"，是画中带有文人情趣，画外流露着文人思想的绘画。画中流露着浓烈的文人思想。文人画多取材于山水、花鸟、梅兰竹菊和木石等，讲求笔墨情趣，脱略形似，强调神韵，注重书法修养和画中意境等的缔造。

■ 徽派建筑砖雕门

■徽州民居木雕

圆雕 又称立体雕，可以多方位、多角度欣赏的三维立体雕塑。圆雕是艺术在雕件上的整体表现，观赏者可以从不同角度看到物体的各个侧面。它要求雕刻者从前、后、左、右、上、中、下全方位进行雕刻。圆雕作为雕塑的造型手法之一，应用范围极广，也是老百姓最常见的一种雕塑形式。

烧制而掷地有声、色泽纯青、质地疏松细腻适于雕刻的水磨青砖，一般采取圆雕、透雕、浮雕和镂空雕的技法，以增加浓重的装饰性。

砖雕内容由明代的几何图案为主发展到晚清的以戏文、民俗图为主，如百子图、渔樵耕读图、三国故事图等。

作品制作从远景到近景，往往有七八个层次，最多达九层。构图多运用夸张手法，形象朗然，寓神于形，极大地提高了雕刻图案的表现力。

砖雕作为一种独特的壁饰，被广泛装饰在民居的大门口、门楼或门罩，以及官邸或祠庙大门两侧的八字墙上。如民宅的门楼由楼和罩两部分构成，统称"门罩"、"门楼"，下方以砖雕图像嵌镶在花边图案的框内。

门楼有垂莲花式、字匾式、四柱牌楼式多种，其中最后一种即四柱三间的贴墙牌楼，有三五层不等。

五层的俗称"五凤楼"，高大轩昂。

门罩、门楼大多雕刻精美，是邑中百工施展技艺的用武之地。这样，平整一片白的高大墙面远景，嵌着雕刻细致入微的门楼和门罩的近景，形成强烈的疏与密的对比，给人以艺术美的享受。

石雕多用于住宅和祠堂的基座、柱础、栏板或漏窗，以及牌坊的梁枋、柱头、花板及狮子、龙、凤、麒麟等奇禽异兽的形体造型上。

石雕主要采用浮雕、透雕、立体雕等手法，以就地取材、因材施艺为原则，青石、茶园石都是徽地常用的石料。

因徽地石材遍布境之四隅，北有黟县东源的黟青石，东有歙县产凤凰石，南有休婺交界处的珍贵砚材石，西有休宁县西馆产的白麻砾石。此外，浙江淳安县青白坚硬的茶园石，因为有徽州江船运输的便利，也成为徽地常备石材。

徽州石雕的代表性作品很多，如棠樾牌坊群，七座石牌坊布局不采用中轴式，而是沿村东端甬道顺序建立，其建构高大巍峨，料石方正厚重，梁柱硕大，平琢浑磨，气势轩昂，一些部件缕刻工丽，玲珑剔透，凸现出徽派石雕的迷人风采。

西递村是安徽省黟县的一个村庄。明代徽派石坊的代表作胡文光石坊就坐落在此。

胡文光石坊通体采用质地坚硬、不易风化的黟县青石，粗壮厚实。中间两柱前后雕有两对高达2.5米的倒匍

徽州民居砖雕

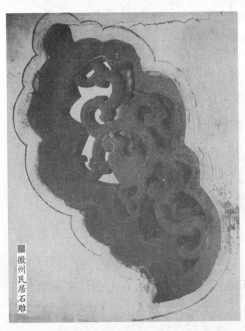

■徽州民居石雕

石狮，为石柱支脚，造型逼真，威猛传神，举世罕见。

梁坊、斗拱、额坊都选用重量十分可观的大块石料，据说古时用土堆成山坡搭架，才得以将笨重的石料抬至10米高的空中接榫合缝，组装成型。

石坊雕饰非常生动细腻，每一道梁坊、匾额和每一方石柱，每一处斗拱都装饰有对称的雕刻图案，而且多有寓意。如檐下斗拱两侧，饰有32面圆形花盆，象征花团锦簇。

此外，还有雕花漏窗，牡丹凤凰，八仙和文臣武将石雕，以及游龙戏珠、舞狮耍球、麒麟嬉逐、麋鹿奔跑、孔雀开屏、仙鹤傲立等，无不栩栩如生、活灵活现，给人以明快淡雅、整齐安恬之感。

石坊前后都有题签镌刻，二楼小额坊上分别刻有"登嘉靖乙卯科奉直大夫胡文光"字样，三楼匾额东西面各刻"荆藩首相"和"胶州刺史"楷书大字。

阅读链接

徽州明清建筑上的木、砖、石三雕作品数以万计，是民间匠师世世代代，长年累月，精心雕琢，奉献于世的，是古代劳动人民辉煌的创造和勤劳累积所留下的一份极其宝贵的文化遗产。

徽州建筑以科学的环境意识，精湛的建筑工艺，精巧的构思设计，在世界建筑艺术和建筑文化史上独树一帜。

徽州文化博大精深，内涵丰富。经过数千年的蒸育和胚变，自宋代以来开始初具特色的徽州文化，以其丰厚积淀和巨大张力，孕育了在我国经济发展史上光彩夺目的徽商；明清时期，徽商又以强大经济基础和聪明才智，实现了徽州文化的全面而杰出的发展与辉煌。

当然，徽州的闻名，不仅仅体现在她的商业发展、人文历史、自然风貌等等，她还包括着徽州民间文艺的诱人魅力。

这些民间文艺包括民间歌舞、戏剧、科技等方面，它们使徽州人民的民间文化更加丰富多彩，也让徽州文化有了更加丰厚的积淀。

文化底蕴

艺苑民风

丰富多彩的民间歌舞

■ 舞狮子

徽州民间歌舞广为流传，丰富多彩。有些歌舞为多个县共有，而有些歌舞为自己的县、乡、村所独有。

徽州人能歌善舞，一直沿袭傩舞、跑马赶庙会、起舞庆元宵的习俗，流传至今的狮舞、龙舞、凤舞、蚌壳舞、仗鼓舞、云端舞、跳童舞等民间舞蹈，仍然是重大节庆活动中的保留项目。

祭祀礼仪类歌舞是徽州民间歌舞中存量最大、历史最久、内涵最丰富的"重头戏"。这类歌舞中通常只有舞而无歌，而且舞蹈风格古老苍劲，节奏深沉而缓慢。

其中尤以纪念汪华和张巡、许远的

傩舞更具鲜明的徽州地方特色，这是古代徽州普遍流行的驱疫逐疬礼仪活动中的一种舞蹈。

据《橙阳散志·歙县风俗礼教考》记载：

> 傩礼颇近古，而不举于官，乃乡里好事者为之。新正用童子衣彩衣，蒙假面，作魁星、财神之类，或扮彩狮，敲击锣鼓，跳舞于庭，用博果饵，亦即玄衣朱裳黄金四目驱疫遗意。

■ 舞狮表演

傩祭历史悠久，至清代仍盛行。傩舞表演时舞者头戴木雕面具，多为百年前遗存古物，从木雕面具上就可以看出角色代表的忠奸愚劣、喜怒哀乐。人物有古傩中的将军，有神话传说中的魁星、土地、刘海、八仙、夜叉、判官等，还有象征吉祥的金狮、金蟾等。

舞蹈演出中伴有强节奏鼓乐，常插有吉利之词的喊段。形式有独舞、双人舞、群舞，具有夸张、粗犷、朴实、简练的风格。

狮舞又称舞狮，流行于徽州各县。有地狮、吊狮、火狮等多种形式。

传统的地狮，狮头以青竹篾扎成，大如箩斗，狮脸绘红绿两色，耳饰一条彩布，鬃毛下挂一串铃铛。

庙会 又称"庙市"或"节场"，是指在寺庙附近聚会、祭神、娱乐和购物等活动，是我国民间广为流传的一种传统民俗活动。庙会的产生、存在和演变都与老百姓的生活息息相关。

魁星 是我国古代星宿名称，同时，还是古代传说的神话人物，主宰文运，在儒士学子心目中，魁星具有至高无上的地位。我国很多地方都建有祭祀魁星的魁星楼，香火鼎盛。

造型古朴、威武。

舞者三人，两人舞狮，一人扮武士，手持彩球逗引。狮子动作有跳跃、滚扑、踏球、搔痒、舔毛等，技艺高超的演员还能表演跳台、过天桥、踩八卦等高难度动作。

吊狮别具一格，一座描金绘红饰以彩绸的亭阁中，伸出一根长木杆，下面吊着一只棕毛、粗麻制作的小狮。玩狮人在亭阁后操作吊绳，造型逼真、生动可爱的小狮则顺着木杆爬出亭阁。

在紧锣密鼓中忽上忽下，忽进忽出，跳跃翻腾，牵动自如。火狮制作技艺独特，青篾扎成骨架，然后层层贴上彩纸，绘成图案。

狮头制作尤为精细，眼、耳、鼻、嘴、牙齿、舌

■ 舞狮表演

头均精描细贴，仪态生动。舞时由一人举两根竹竿操纵头尾变幻动作，狮体内点上烛火，通体透亮，口中不时喷出火来，奇趣热烈。

蚌壳舞俗称"嬉壳蜊"，流行于徽州各县。

演员三人，其中两位少女舞动几乎与身体等大的篾制蚌壳，壳面蒙上绿绸，壳边镶有一条粉红色绸带似蚌壳唇。另一男子装扮成打渔翁，身背鱼篓，手持道具与扮演蚌壳的少女引逗。

■徽州民俗

舞蹈动作有破四门、撒网、滚跃、过海等。表演时唱有小曲，用单钹、堂鼓轻节拍伴奏，活泼风趣。

龙舞模拟兽类舞蹈，源于远古图腾崇拜的代表性舞蹈，经常在元宵节、端午节、中秋节及各种聚会时演出。以竹篾扎成龙头、龙尾和龙身若干节，以布蒙其外，连成长串，用彩色涂绘鳞爪，腹中燃烛，每节下有一棍，由数人举着做腾跳之舞。

跳童舞蹈起源于古代"游太阳"神会，相传此舞起于明代，流行于徽州各地。

由四人至八人在广场表演。表演者头戴英雄巾，身穿对襟衣，脚穿彩鞋，白布绑腿，双手执一对银光木斧，按音乐节奏，两斧相击，挥斧做舞。并以斧击头、肩、腿等部位，每碰击一下，发出"嘿！嘿！

堂鼓 我国民间一种打击乐器，又名同鼓。以木为框，形略圆，鼓腹，两面蒙牛皮，演奏时悬于木架，以木槌鼓击。常用于戏曲乐队和民间乐曲演奏。

■ 民间舞狮表演

钟馗 是我国传统文化中的"赐福镇宅圣君"。民间常挂钟馗的像赐福镇宅，跳钟馗舞祈福祛邪。古书记载他系唐初长安终南山人，生得豹头环眼，铁面虬髯，相貌奇异；然而他却是个才华横溢、满腹经纶的人物，平素正气浩然，刚直不阿，待人正直，肝胆相照。

嘿！"的喊声。舞姿粗犷，气势雄浑。

徽州各地村镇旧时端午节盛行"跳钟馗"。

跳钟馗有两种：一种是将钟馗的偶像架在肩上，沿街市边旋转边舞，有锣鼓相随，每至店门口，点燃爆竹，掷五色小纸片，爆竹金鼓齐鸣，空中五色纸纷飞，气势颇为热烈。

另一种是由人扮成钟馗模样。端午节正午12时，村民先至祠堂拜祖。祠堂内香烟缭绕，钟馗箭步冲出，与几个手撑破红伞的、手执钢叉装扮成的小鬼斗闹。

小鬼把钟馗灌醉，钟馗佯装东倒西歪，欲捉小鬼吞而食之。小鬼把钟馗逗引到外面，走街串巷，挨门挨户跳舞取乐。各家各户燃放鞭炮，将准备好的铜钱、糕点、喜物送给舞者作为酬劳。

云端舞又名"舞云端"，流传于歙县、休宁等地。元宵节民间玩灯的班子里，一般都有云端舞者八人至十人，皆为女性。

　　舞者身穿粗布紧身衣，腰扎宽带，头包花布头巾，手执两块有云彩的云片，闻鼓而动，闻锣则停，边舞边唱。"云彩"随着节拍翩翩起舞，先后展现出"天下太平"四个字，以祈来年五谷丰登。

　　旱船又名"花船"。有两种表演形式：休宁、屯溪一带的旱船是用竹篾和纸扎成无底船，随着乐队吹奏节拍边舞边行。有的外加四名彩衣女子，手握木桨作划船状，随船左右前进。

　　黟县等的旱船，船身木制，底部装有4轮，船中

麒麟 是我国古籍中记载的一种动物，与凤、龟、龙共称为"四灵"，是神的坐骑，古人把麒麟当作仁兽、瑞兽。雄性称麒，雌性称麟。在我国传统民俗礼仪中，麒麟被制成各种饰物和摆件用于佩戴和安置家中，有祈福和安佑的用意。

119

文化底蕴

艺苑民风

■民间舞龙表演

■民间划旱船表演

由少年儿童穿上彩衣，扮演戏文，如《草船借箭》《单刀赴会》《采莲》《水斗》等，用人推着前进。扮演者口唱戏词，丝弦伴奏。

麒麟舞流行于歙县。每逢当地盛大节日演出。舞时演员身穿古装，披彩带，扮成麒麟，以锣鼓、二胡、箫等伴奏，唱词有三言五言。舞分四节：首先是破四门，其次是从八仙中含八宝，再次是把八宝还给八仙，最后是叼玉书入民间。

扑蝶舞流行于祁门县西乡，原在元宵节闹花灯时表演，由四位姑娘一手持蝴蝶，一手拿圆扇，做扑蝶状，且歌且舞。唱词为一年中十个月的花名和农事，意在告知人们新春时安排好一年农业生产，用地方方言演唱，具有浓郁的乡土气息。

二胡 我国民族独奏拉弦乐器的一种。二胡过去主要流行于长江中下游一带，所以又称为"南胡"。二胡集中于中高音域的表现，音色接近人声，情感表现力极高，既适宜表现深沉、悲凄的内容，也能描写气势壮观的意境。

凤舞原为黟县际联乡流行的凤灯。扎凤灯极为精致，造型逼真，五彩缤纷。凤头、凤颈、凤尾均能活动自如。由一少女扎系腰间，抽动凤肚下的引棍，凤即昂头翘尾，展翅欲飞。

徽州民间歌舞还包括大量的民谣。徽州民谣是徽州人民创作、吟诵、口传心记的民间口头艺术，反映了古徽州人劳动、时政和思想感情，是博大精深的徽州文化宝库中独具特色的珍宝。

徽州民谣从地域上来分，有歙县民谣、绩溪民谣、休宁民谣、黟县民谣和祁门民谣等，并因方言不同有各自的特点；从内容上来分，有徽商民谣、爱情民谣、时政民谣和游戏民谣等。它们具有鲜明的地域性、题材的多样性和艺术的独创性等特点。

在徽州各地，流行版本最多的要数童谣性质的《推车谣》，这与徽州人生活习俗有关。儿童坐在木制的摇篮里，大人一边摇晃，一边哼念着童谣。《推车谣》格式语调基本一致，但内容可即景变化。

磨车，磨到外婆家。外婆不在家，后门头打老鸦；打一只烧烧吃；打一双，氽氽汤。氽给哪个吃？氽给我家宝宝吃。

这是《推车谣》众多版本中流行较广的一个版本。每一首民谣，都是徽州民俗民风的素描，都是百姓生活的点滴写意，不仅文字流畅，而且寓意深刻。

阅读链接

口传心授、朗朗上口的民间歌谣，是徽州文化的重要组成部分，其格调古老，内容丰富，韵味饱满。

有的脱口而出，有的要千锤百炼，有的风趣幽默，有的激昂深沉。既具徽州的方言特色，又有浓厚的民间风味，更可贵的是它有极珍贵的人文价值。

唱腔丰富的徽州戏剧

徽剧，即徽州戏剧。

徽州戏剧历史悠久，明代中叶，徽州、池州成为我国东南商业、文化的中心之一，当时著名的戏曲声腔如余姚腔已在这一带流行。

徽州戏剧表演

■ 徽剧表演

明代嘉靖、万历年间，这一带产生了徽州腔、青阳腔、太平腔、四平腔等多种声腔。这些声腔兴起后，很快风靡各地，如徽州腔和青阳腔被称为"天下时尚南北徽池雅调"。

明末清初，乱弹声腔传入徽州一带，与徽州地方声腔及民间音乐结合，在安庆府的石牌、枞阳、桐城等地形成拨子；清代乾隆年间，拨子与四平腔脱胎而来的吹腔逐渐融合，形成二黄腔。

二黄腔又与湖北西皮形成皮黄合奏，奠定了徽剧的基础。刚开始时徽剧主要流行于徽州及安庆、池州、太平一带。

经过不断借鉴和多年的发展，徽剧不断丰富，最终成为一个包罗万象、五彩缤纷的艺术宝库。

徽剧剧目很丰富，共约有传统剧1400多个。徽剧内容也十分丰富，涵盖面十分广泛，列国纷争、宫廷

声腔 戏曲中的专用名词。是把戏曲中某些音乐和演唱相类似的腔调称为一种声腔，或归为一个声腔系统。我国古典戏分北杂剧和南戏两派，由于流传地域不同，逐渐形成不同声腔。一种声腔流传各地，同当地剧种结合，或同各地的语言、音乐相结合，又产生出支派。

秦腔 又称"乱弹"，我国最古老的戏剧之一，流行于我国西北的陕西、甘肃、青海、宁夏、新疆等地，其中以天水的秦腔口音最为古老，保留了较多古老发音。又因其以枣木梆子为击节乐器，所以又叫"梆子腔"，俗称"桄桄子"。

大事、神仙鬼怪、民间故事、生活趣事包罗万象，应有尽有。

在唱腔方面，徽戏善于"博采众长"、"兼收并蓄"，所以它的唱腔具有相对的广泛性和多彩性。在徽戏声腔的发展过程中，它曾先后吸收了弋阳腔、昆山腔、梆子、秦腔、京腔、汉调等各种艺术成分。

至徽剧成熟时期，徽戏的音乐声腔共有九大类，分别为：青阳腔、徽州腔的变种四平腔、徽昆、昆弋腔、吹腔、拨子、西皮、二黄、花腔小调等，其中以吹腔、拨子为其主要声腔。这些声腔各有特点，又各有代表性剧目。

吹腔轻柔委婉、情意绵绵，具有弋阳的古风，又有昆曲的韵味，大多适用于男女爱情和轻歌曼舞一类剧目。这种声腔由于主体音调来自昆弋腔，又用吹奏乐器笛子或唢呐伴奏，因此得名吹腔。

■ 徽剧表演

早期的吹腔为曲牌体，后受滚调的影响，逐渐形成七字句或十字句，有正板、叠板、散板、哭板、顿脚板等一套板式的唱腔。

■ 徽剧《贵妃醉酒》

吹腔是典型的南方音调，脱胎于由弋阳腔和昆山腔衍变而成的四平腔，属五声音阶，适应性很强，既能演唱长短句的"曲牌体"唱词，又能演唱对偶句的"板腔体"唱词，因而流传很广，并为许多地方剧种所吸收、采用。

吹腔被各个地方的剧种采用以后，虽名称各异，但在曲调及演唱风格等方面，基本上都保留了它本来的面目。

拨子是徽戏中常用的声腔，它的特点是高亢激越，苍劲豪迈，适宜于表现战争题材剧目和人物悲怆、深沉的感情。拨子有成套的板式，如导板、回龙、流水、叠板、散板等，表现力很强。拨子用枣木梆击节，以唢呐、笛、徽胡伴奏。

拨子和吹腔可以结合使用，往往在一本戏中，唱腔采用吹腔与拨子两种腔调，抒情时唱吹腔，激昂处唱拨子；文戏部分唱吹腔，武戏部分唱拨子。这种互取其长的配合运用，渐渐发展、融合、衍变，于是产

京剧 又称"京戏"，有"国剧"之称，是我国影响最大的戏曲剧种，分布地以北京为中心，遍及全国。1790年起，原在南方演出的四大徽班陆续进入北京，与来自湖北的汉调艺人合作，同时接受了昆曲、秦腔的部分剧目、曲调和表演方法，又吸收了一些地方民间曲调，通过不断的交流、融合，最终形成京剧。

徽剧《水淹七军》

生了二黄腔。

青阳腔是最古老的声腔，直接由弋阳腔脱胎而来，曲调古朴优美，并保留着"后台帮腔"的特点。它曲调古朴隽永，韵味无穷。

徽昆则是早期"徽路徽戏"经常演出的剧目，唱腔气势雄浑、豪迈粗犷，它不仅有昆曲的余韵，而且有老"徽州腔"的土味，听起来荡气回肠，心情振奋。徽昆主要以演武戏为主，多用唢呐、锣鼓伴奏，气势宏大。

西皮、二黄等腔调大致与京剧有些相似，但是徽剧更古朴、更具乡土气息。

二黄腔是由主次几种声腔的融合衍化而来。初时，吹腔中出现一种低调吹腔，用昆笛伴奏，因其四平及昆腔风味较浓，于是称为"四昆腔"和"昆平腔"，也称为"咙咚调"。这一种腔调后受拨子影响，并且改用唢呐伴奏，而形成了"唢呐二黄"。

"唢呐二黄"曲调结构和板式变化，都还比较简单。之后，又吸收拨子的一套板式结构，并加以衍化，才形成板式变化比较完整的二黄。二黄以徽胡为主奏乐器，有导板、原板、回龙、流水等板式。后又衍生出了反二黄。

另外还有一种"二黄平"，由吹腔直接衍变而成，浙江徽班称之为"小二黄"，后变为京剧的四平调。因此二黄腔先后形成了四类腔调，即二黄平、老二黄、二黄、反二黄。

西皮也用徽胡为主奏乐器，有文武导板、散板、摇板、二六等板式，分男女宫，有西皮、反西皮两类。

花腔小调多为民间俗曲俚歌，生活气息比较浓，已记录下来有70多首曲调。伴奏乐器多以徽胡和笛、唢呐为主。

徽剧角色早期分为：末、生、小生、外、旦、贴、夫、净、丑 九行。浙江徽班分老生、老外、付末、小生、正旦、花旦、作旦、老旦、武小旦、三梁旦、大花脸、二花脸、小花脸、四花脸、杂共15行。

徽戏演出的基本特点是：重排场，擅武功，讲功架，风格朴实粗犷，具有浓郁的乡土气息。

"重排场"，指的是演出讲究场面大，气派火，行头服饰富丽堂皇，角色行当样样俱全。过去的徽班每到一地，必演《采莲》《八达岭》《七擒》《八阵》等剧目，这类戏出台演员动辄数十人、上百人，生、旦、净、末、丑各种行当都出来亮相。

讲究"三十六顶网巾、会面"、"十蟒、十靠、八大

■徽州戏剧表演

徽剧表演

红袍"。还有的徽班，为显示角色行当齐全，演出时有"死不回头"的规定，即一个演员在第一码戏中扮演的角色如果死了，这一天不再出台。

徽戏中的武功、绝技，更是誉满大江南北。一般徽班演出，每晚必得安排一出重头武戏压台，这类戏目很多，如《英雄义》《八达岭》《八阵图》等。

由于徽戏艺人从小训练严格，功夫扎实，因此，翻、打、扑、跌、刀、枪、棍、棒等功夫均过得去。此外，武戏中，有翻台子和跳圈、窜火、飞叉、滚灯、变脸等许多特技，并吸收民间武术如"红拳"等成为武打中具有特色的招式。

徽戏的文戏以载歌载舞、委婉细腻为特点，一些文戏十分讲究功架、眼神、画面，给人一种绚丽多姿的感觉，从而留下十分深刻的印象。此外，徽戏演出的特点是朴实，生活、乡土气息较浓。其中有不少戏就是直接反映普通老百姓生活的。戏中，对人物刻画鲜明，入木三分，语言生动活泼，给人留下深刻印象。

徽剧自清代初期正式形成以后，渐次以徽州和安庆为中心，逐步向东、向南、向北发展。特别是沿江南而下，到了当时我国东南部的商业、文化中心扬州，由于有徽商的鼎力支持，更加蓬勃地发展起来。

当时扬州的戏曲舞台，分雅部、花部两大类，雅部即昆山腔，花部包括京腔、秦腔、二黄调等，统称之为"乱弹"。

在扬州郡城活动的大多是昆山腔和本地乱弹，但自徽商带头组建徽班后，由于徽班能八方招纳各地名角加入，故声誉渐大。

在这些徽班中，由大徽商江春组建的春台班最为著名，他广招名角优伶，如苏州的扬八官、四川的魏长生、安庆的郝天秀、高朗亭等，因而使徽戏越唱越红。

■徽州戏剧表演

特别是江春组织戏班八次迎銮接驾，迎接乾隆皇帝巡视江南，不仅在商界留下了以布衣上交天子的佳话，使乾隆大加赞赏，而且对徽戏的发展起了巨大的推动作用，并为之后的四大徽班进京打下了厚实的基础。

1790年，徽班名艺人高朗亭率三庆班入京。接着，春台、和春、四喜等徽班又相继进京，这就是"徽班进京"。

这些徽班进京之后，吸取了京腔、秦腔、昆曲、汉调等剧种的长处，徽戏进入全盛时期，逐步取代流行于北京的京腔和秦腔，成为北京剧坛的主流。

在众多徽班中，安庆的郝天秀、高朗亭成为美誉京城最著名的演员。其中高朗亭后为三庆班的班主，并被京城戏曲界推举为戏曲创业会的会首，又被尊为二黄耆宿，成为北京剧坛的领袖。

徽班自清乾隆末期进京，经历了嘉庆、道光到咸丰百余年，曾风靡一时，主宰了京城剧坛。

至道光年间，由于徽班著名演员三庆班班主程长庚等一代宗师的不断实践、改革、创新，徽剧这个古老的剧种便渐渐演变成京剧了。

徽剧是一个包罗万象、五彩缤纷的艺术宝库，是徽州文化灿烂篇章的重要一页，它的诞生对我国的戏曲艺术有着非常大的影响和作用，对婺剧、赣剧、湘剧、桂剧、滇剧等都产生过巨大影响，客观上起到了承先启后、继往开来的作用。

它反映了徽州文化乃至我国传统文化的许多特点。

阅读链接

徽班是指演徽剧的戏班。清代徽剧在南方非常受欢迎，有许多著名的徽班。其中最著名的是：三庆班、四喜班、春台班、和春班，当时被称为"四大徽班"。四大徽班在表演上各有所长，各具特色。

当时有这样的赞誉：三庆班的轴子、四喜班的曲子、春台班的孩子、和春班的把子。"轴子"意思是说三庆班擅长演有头有尾的整本大戏。"曲子"是指昆曲，意思是说四喜班擅长演昆腔的剧目。"孩子"指的是童伶，意思是说春台班的演员以青少年为主，生气勃勃。"把子"是指武戏，意思是说和春班的武戏火爆，最受欢迎。

1790年，为给清乾隆帝弘历祝寿，清朝廷从扬州征召了以戏曲艺人高朗亭为台柱的三庆班入京，这是徽班进京演出的开始，之后有四喜、启秀、霓翠、和春、春台等安徽戏班相继进京演出。

成就突出的徽州科技

　　徽州科技在诸多方面都有所体现，涉及天文、历法、光学、地理学、数学、生物学、工艺技术、声律学、医学和建筑学等领域，科学技术著作大量问世，对推动我国科学技术进步和发展做出了重大贡献。

　　徽州科技是在宋元时期以后，特别是明清时期，有了重大发展的。

　　在天文学方面，宋代休宁县人吴观万钻研天文之学，著有《潮说》

■古代天文图

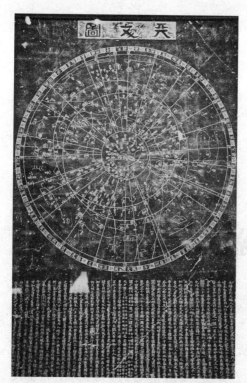

■ 古天文图

《夏小正辨》《闰月定四时成岁讲义》等天文学著作。

元代婺县人王遥也在天文学方面有所建树，嘉靖《徽州府志》记载他写道：

> 博览群书，凡天文、历法、象数(用符号、形象和数字推测宇宙或人生变化的学说，也包含了一些天文、历法和乐律知识)之详略……日夕讨论，图像俱列，义疏备陈。

王遥著有天文著作《天象考》《坤象考》20余册，后合编为《格物编》。

方回，歙县人，字万里，号虚谷，1262年考中进士，官至建德府，元初改任建德路总管兼府尹，在处理公事之余，留心天文学，著有《古今考》《历象考》等天文、历算著作。

鲍云龙，字景翔，号鲁斋，是方回的同乡好友，他潜心《周易》和天文学的研究，著有《天原发微》，书中集中讨论了象数问题，对天文问题多有涉及。

鲍云龙的宇宙学观，尤其是他对传统地说的大力支持，在当时引起过较大反响，方回还就此与他展开过讨论。

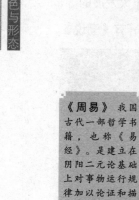

《周易》 我国古代一部哲学书籍，也称《易经》。是建立在阴阳二元论基础上对事物运行规律加以论证和描述的书籍，其对于天地万物进行性状归类，对我国文化产生了巨大的影响。

清代天文、历法方面研究成就比较突出的有江永、戴震、程瑶田、俞正燮等人。

江永不认为地球是日月五星的真正中心。他接受了日中心论，并把它同一种朴素的天体引力思想联系起来，指出：

五星皆以日为中心，如磁石之引铁。

江永的观点是我国清代天文学理论研究中迸发出来的智慧火花。

江永著有《推步法解》，这本书是对《清会典》中历法部分内容的诠释，汇集了古代天象计算的方法，并补充了必要的插图，尽管有些计算不准确，但仍不失为研究历法的重要文献。

该书传入朝鲜，著名的朝鲜李朝天文学家南秉哲誉之为"学历象者先河之指南"，把自己研究日月运动计算的著作命名为《推步续解》。

戴震在天文、历法方面的成就，主要是完成了《四库全书》中天算类书提要，并撰有《原象》1卷、《续天文略》2卷，另撰有《历问》《古历考》著作。《原象》所论述的是天文、算法的基本知识。

■天文观测仪器

《续天文略》是为清代《续通志》天文历法部分而作，主要是对我国古代天文史料的发掘和考证。

戴震把天文学知识应

地
方
显
学

徽州文化特色与形态

《尧典》 我国重
要古籍《尚书》
的开篇之作，具
有很高的史料价
值。它那基于史
实的内容，生动
地展示了我国上
古时代的社会概
貌，是研究我国
原始社会后期政治
思想的重要文献。

用于考据学，考证得出《尧典》中关于春分、秋分、夏至、冬至的记载不准确。他又用岁差理论，推算出《尧典》所载的4个恒星的位置，是距今2300多年前的天象。

程瑶田是继江永、戴震之后徽州长于天文历法考据的学者，程瑶田是江永的弟子，著有《星盘命官说》《四卯时天图规法记》《言天疏节示潘工生》等天文历法学著作。讨论了回归年、朔望月、闰年法、岁差、日月食和四季日出时刻差异等天文历法知识。

俞正燮，字理初，黟县人。他是一位知识广博、具有求实精神的科学家，他研究和分析了我国古代的"盖天说"、"宣夜说"和"浑天说"，考察过"恒星七曜"和古代历法，在所著《癸巳类稿》中对古籍记载加以考证，指出了其中错误。

在光学研究方面，做出突出成就的是程大昌和郑

■ 古代浑天仪

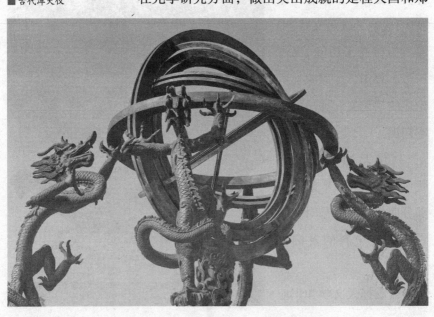

复光。

程大昌字泰之，南宋时休宁人。1151年考中进士。

《宋史·儒林列传》记载：

> 笃学，于古今事靡不考究，有《禹贡论》《易原》《雍录》《易老通言》《考古编》《演繁露》《北边备对》行于世。

■《四库全书总目》

程大昌的著作《演繁露》记载的关于日食观测中的光学知识和关于色散现象的见解卓越。《四库全书总目》指出其对于"名物典故，考证详明，除偶有一两条失于粗疏外，其他实多精深明确，足为典据"。

我国古代对日食的观测，最初是用肉眼直接观察。西汉学者京房曾用水盆照映的办法，以避免强烈日光刺眼，这是一大改进。

《演繁露》首次记载了程大昌于1176年4月11日，在开封观察日食时，"以盆贮油，对日景候之……约其所欠，殆不及一分"，即用油盆照映的方法，观测出不到十分之一的日食。

这是由于油面对可见光的反射率比水面更低，而且油的透明度差，可以减小盆底的漫反射光线，增大像的反衬度；油的黏度大，反射面比较平稳，所以可以更清晰、更持久从而也更准确地对日食进行观测。

《宋史》《二十四史》之一，1343年由丞相脱脱和阿鲁图先后主持修撰。《宋史》全书有本纪47卷，志162卷，表32卷，列传255卷，共计496卷，约500万字，是《二十四史》中篇幅最庞大的一部官修史书。

《周髀算经》

我国最古老的天文学著作，约成书于公元前1世纪，原名《周髀》。唐初规定它为国子监明算科的教材之一，故改名《周髀算经》。在天文方面，这本算经书主要阐明当时的盖天说和四分历法。在数学方面，主要成就是介绍了勾股定理及其在测量上的应用以及怎样应用到天文计算。

此外，程大昌还对光的色散现象进行了较为科学的解释。他明确指出五色光彩来源于日光，接触到色散现象的本质。

在《演繁露》中，程大昌把日光通过液滴的色散现象，同日光通过自然晶体的色散现象联系起来，认为两者同出一理，批判了对于色散现象的神秘传说，表现了科学的态度和精神。

郑复光，字浣芎，又字元甫，自号与知子，歙县人，是清代后期著名科学家之一。他博古通今，注重西学，重视实践，在数学、物理学和科学仪器研制方面颇有建树。

数学著作有《周髀算经浅注》《割圆弧积表》《正弧六术通法图解》《笔算说略》等，尤在几何学及中西算法等数学知识方面，在当时数学界有一定影响。

郑复光所著的《镜镜诊痴》是一部光学名著。大约在19世纪初，郑复光受扬州"取影灯戏"和广东"量天尺"的启发，从而开始研究光学问题，进行光学实验，研制光学仪器。

他根据古文献，制造出白天黑夜均可

■ 古代天象图

东方七宿：角、亢、氐、房、心、尾、箕
北方七宿：斗、牛、女、虚、危、室、壁
西方七宿：奎、娄、胃、昴、毕、觜、参
南方七宿：井、鬼、柳、星、张、翼、轸

放映的幻灯机，还研制出一架望远镜用来观察月球，见到了"星点四散，作浮萍状"景象，使观者"欢呼叫绝"。

《镜镜诊痴》不但内容全面，而且有不少创见，如关于小孔成像、凸透镜成像、全反射的解释等都有新的进展和独到见解，对于光学仪器的研制也有一定的指导作用。书中不少内容超过当时法国在华传教士汤若望的《远镜说》。

我国古代二十八宿天文图

徽州在地理学研究方面做出重大成就的学者是程大昌和罗愿。

程大昌的《禹贡论》《北边备对》和《雍录》属于地理学著作，这些著作对后世影响很大。

《禹贡》是《尚书》中的一篇，以名山大川为依据，划分古代九州境域，记述各地的自然地理和人文地理概况，是学术界公认的我国成书最早且具有重要学术价值的地理学著作。全文仅1200字，但文辞深奥。

《禹贡论》为5卷本，书中论江水、河水、淮水、汉水、济水、弱水、黑水，旁征博引，纠正了前人辗转传抄中的错误；后论1卷，专论河水、汴水的祸患；禹贡山川地图31幅，均以宋以前诸家注释《禹贡》旧说绘图，详加辨正，另定新图。

《北边备对》和《雍录》也都是比较重要的地理学专著，对后代的地理学也有着较大影响。

■ 程大位泥塑

《四库全书》

我国历史上一部规模最大的丛书。1772年开始汇编，经10年编成。丛书分经、史、子、集四部，故名《四库全书》。该书共收录古籍3503种、79337卷、装订成3600余册，保存了丰富的文献资料。

《新安志》是罗愿的一部重要的方志学专著，并且在我国方志学史上具有重要价值。罗愿字端良，号存斋。歙县人。1166年考中进士。他"博学好古，法秦汉辞章，高雅精炼。朱熹特重之"。

罗愿提出编纂地方志要注重民生，为后世学者重视。经多年访故志，求遗事，废寝忘食，手录笔述，撰成《新安志》。

《新安志》在方志学史上是一大进步，主要表现在体例完备，章法严密，不设虚名，舍并得当，打破了宋代以前志大而空、不定体、"图经解"旧例。

其中除地理之外，又增设了物产、人物、艺术等项，所具体例已是后来志书的规模，而且取材丰富，记人记事，叙今述古，是后世了解当时新安地区政治、经济和科学文化的重要资料。

在数学方面，徽州地区比较重要的数学家有程大位、江永、戴震、汪莱、罗士林等人，他们代表了当时我国数学的最高水平。

程大位最重要、影响最大的是关于珠算的著作《算法统宗》。《算法统宗》是以珠算盘为计算工具的数学书。

原刻本17卷：卷1、卷2介绍数学名词、大数、小数和度量衡单位以及珠算盘式图，珠算各种算法口诀等，并举例说明其具体用法。

卷3至卷12、卷13至卷16引入前面各类的算法，并列有14个纵横图；最后附录"算经源流"一篇，著录了1084年以来的数学书目51种。

《算法统宗》代表了明代末期数学的最高水平，对其后数学研究产生了重大影响。《算法统宗》翻刻的版本种数至今已难以胜计，其流通量之大是无与伦比的。

《算法统宗》推动了中国珠算的大普及，并使之走向世界。

江永的数学著作，主要见于他的《翼梅》和《读数学》。《翼梅》一书收入《四库全书》，书名易为《算学》。

戴震对于数学的重要贡献，在于从《永乐大典》中辑出、校勘、注释古算书多种和自撰数学著作数种。数学著作有《策算》1卷，书中介绍西方筹算的乘除法和开平方法。

汪莱是清代的一位杰出数学家。汪莱的主要数学著作是《衡斋算学》7册。内容主要论及弧三角术、勾股、割圆、垛积、开方诸多方面。其学术思想高深，真正能读懂的人不多。

罗士林是歙县人，他在数学上的重要贡献是注疏《四元玉鉴》。《四元玉鉴》

■《算法统宗》

是元代数学家朱世杰1303年所撰的论"四元术"的古算经典著作。

罗士林历经12年对原书进行艰苦的校订、疏解工作，终于在1835年完成《四元玉鉴细草》24卷，其篇幅比原书多出几倍。由于他的疏解，才使"四元术"这一我国古算的杰出成就被世人重新认识。

明清两代，徽州的科学仪器制作，有多种都十分著名。休宁县吴鲁衡精制的地学仪器罗盘可以用于地理考察、地图测绘、海上导航等活动的方向指示。明代歙县詹希元发明了一种机械计时器——五轮沙漏。

齐彦槐，字梦树，婺源人，1809年考中进士。著有《天球浅说》《中星仪说》《北极经纬度分表》等著作。制作了斜晷、中星仪、天球仪等天文仪器。

其中，中星仪高33.4厘米，外表有一圆形天球，天球表面绘刻星象、节候，旋转天球，即可方便准确地了解天空星象位置和运行情况。

万安古镇坐落在黄山南麓，齐云山之北。吴鲁衡在万安镇上街创立"吴鲁衡罗经店"，改进发展制作罗盘指向、日晷定时仪器。

吴氏罗盘规格众多，对原料和工艺的需求极为严格，一件成品需

■ 齐彦槐所创的天球仪

■万安古罗盘

经6道工序：

一是选坯，用优质木材作为坯料；二是经开坯、车圆、磨光而制成盘状；三是分格，即刻画纵横格度；四是写盘面，一圈又一圈，少则两三圈，多则4圈至16圈，标有太极、阴阳、五行、八卦，天干、地支、二十八宿、十二舍、七曜、九星系统等。简洁地提供了数理的内涵和天人合一哲学的辩证思想以及内外相连的统一整体性；五是上油；六是安装磁针，被看成最为关键的一道工序。

万安罗盘，近300年来，经过代代相传，不懈努力，辛勤劳动，式样有上百种之多，精密度高，畅销国内外。

阅读链接

徽州科技在明清时期，出现了一个发展高潮，人才济济，群星辈出，并且取得了一些当时国内甚至世界上居于领先地位的科技成果。

徽州科技内容庞杂，是我国古代科技重要的组成部分，对我国古代科技的发展有着非常重要的影响和作用。

复杂多变的徽州话

　　徽州方言，又名"徽州话"或"徽语"，与闽方言、粤方言、苏方言、浙方言并列南方方言。徽州方言属于一种汉语方言，是古代吴越语系的一个分支，它是分布于新安江流域的旧徽州府全境、旧严州

■徽商大宅院里的字画

■徽剧人物木雕

府大部、江西北部的旧饶州府部分地区的语言。

徽州话保留了很多的古音因素，在语音上的差异是很大的，县与县之间是截然两个方音，就是一个县里各乡的音有时候也必须分成两个系统。有一种说法是：在一个县里，有的词汇会有10多种发音。可见徽语是多么复杂。

明代嘉靖《徽州府志》记载：

> 六邑之语不能相通，非若吴人，其方言大抵相类也。

徽州地形以丘陵山地为主，这是造成徽州方言复杂性的一个极其重要的因素。加上徽州处于皖、浙、赣三地边境，各种方言土语易于渗透，尤其是徽商与外地往来的频繁，给徽州方言的形成带来了复杂的影响。

吴越语 又称"江东话"、"江南话"、"吴语"。是我国官方定义的八大方言之一，拥有国际语言代码。商周春秋至今有3200年历史变迁，底蕴深厚。主要流行于浙江、江苏、上海、安徽、江西、福建等地。

■竹刻徽商行四条屏

但徽州方言毕竟是单一体系的方言整体，无论语音、词汇、语法诸方面，都有其自身的规律和共同的特点。

徽州方言和闽、粤、苏、浙诸方言一样，都萌芽于中原古语，因此或多或少保留了中原语言的某些特征。但由于历史以及地理等方面的差异，与其他方言间的差别随着时间的推移而变得越来越大，而且更多地保留了远古的口头语词和表达习惯。

徽州方言包括歙县话、绩溪话、休宁话、黟县话、祁门话、婺源话，后来划入的旌德县、太平县、石台县，其语言并不属徽州方言。

由于历史上歙县长期为州治、郡治，统辖休宁、绩溪等地，所谓徽州方言以歙县话为代表。后来屯溪成为徽州政治、经济、文化的中心，所以屯溪话就成了徽州方言的代表。

至此，徽州方言又可分为屯溪话、歙县话、绩溪话、黟县话、祁门话、休宁话、婺源话七个次方言区。

而在每一个次方言区内，又存在着"五里不同俗，十里不同音"的情况。如歙县方言可分为南北两个方言区，大致以南源口、雄村、罗田一线为界。

休宁境内的方言根据彼此间的细微差别，可分为海阳、五城、临溪、溪口、流口五个小区，其中以海阳区方言使用的人口最多，是休宁的代表方言。

祁门方言以流行于阊江上游流域的城区话为代表。绩溪话，以徽岭为界，又分为岭南话与岭北话两大子区域。子区域中，又分若干土话圈；如岭北有坦头话、大源话、临溪话。

在徽州边缘地界，方言更是交叉重叠，错综复杂。

徽州方言具有语调生硬、语节明快和语词形象丰富的特点。有自己的发音体系，与普通话音区相距甚远。其语音系统最明显的是声母中塞音、塞擦音，多数地方以读送气清音为主。

韵母中鼻音韵尾大多消失或转化为鼻化音；声调中古全浊上声一般不归阴去。

徽州方言最大的特色在语言词汇上，徽州方言保存着大量的古汉语词汇，一些在普通话系统中已消失的语汇，却仍旧在徽州人的日常

徽商大宅院

■徽派民居

用语中被广泛使用。这既表明了徽州方言与汉语普通话间的同源性，也表明其发展中的独立性。

如徽州旧俗，无论妇女生前死后一律称之为"孺人"，婚后称为"老妪"；称新娘子为"新妇"或"新人"而不叫"媳妇"；称童养媳为"细新妇"。"郎"、"令"、"爷"都是尊称。

休宁人兄弟之间称兄为"大郎"，称弟为"弟郎"。休宁人称自己的妹妹为"令妹"，称自己的女婿为"令婿"；对长辈多称"爷"、"伯爷"、"叔爷"、"姑爷"、"舅爷"。

徽州方言自身发展中，创造了许多"形象语词"，如"担柱"、"拾麻"、"门枕"、"衫脱"、"天雷"、"猪傻"、"帮衬"、"门背后"、"脑盖壳"、"朝奉"等，反映了徽州人思维形象的特点。

徽州有的方言词汇源于特定的生活环境，如"茴香豆腐干"，是指半途辍业回家的学徒工，"茴香"取"回乡"谐音。有的源于古代话本和戏曲，如"梁山上下来的"，指性格豪爽或粗野之人。

"陈世美"，指抛弃贫贱之妻的人；"保正婆"，指好管闲事的人；"火扬婆"，指为两面讨好搬弄是非的人。

有的源于民间传说，如"烂肚宝"，指机智诙谐但坏点子多的人，"塌皮秀才"，是指穷困潦倒的文化人。还有一些是源于日常生活，如骚鸡公、辣椒蒂、香油瓶、省油灯草、无头苍蝇等。

这从一个侧面说明徽州文化发达，为方言语汇的丰富带来了活力。

语词创造又是徽州方言的一大特色。如"头"、"佬"、"子"、"家"等，缀于词后，表达一种特定的含义，如"老子"、"哑子"；"和事佬"、"屯溪佬"；"老人家"、"小官家"、"女家"、"细人家"；"屁股头"、"后门头"、"灶下头"、"上屋头"。

此外，还有"煞"、"添"、"鬼"、"里"等均有类似的作用。对一些动作性动词，徽州方言常常通过重叠加强效果，如"拍拍满"、"压压扁"、"剁剁吃"、"消消气"、"走走看"、"歇歇力"等。

一些形容词也可以加后缀，以增添语气或程度，如"酸溜溜"、"硬搅搅"、"火冒冒"、"绿影影"、"毛丛丛"、"白月月"等。

■ 徽州砖雕

徽州方言中众多独特的方言词，来源不一。一些词语至今仍沿用古义，如"先"即"先生"之意；"种种"为"短而乱的胡须"；"造化"为"幸运"之意等。

徽州方言有某些独特的具有语法作用的语素，其中表示复数的有"人"、"大家"。有的具

秀才 别称茂才，原指才之秀者，始见于《管子·小匡》。汉代以来成荐举人才的科目之一。亦曾作为学校生员的专称。读书人被称为秀才始于明清时代，但"秀才"之名却源于南北朝时期。其实"秀才"原本并非泛指读书人，《礼记》称才能秀异之士为"秀士"，这是"秀才"一词的最早来源。最早有秀才之称的，是西汉初期的贾谊。

有结构上的组合作用，表示某方面的人，如"伢"。有的表示领属关系，如"个"。

有些独特的介词和动词，义项多，但在句中不模糊。如"帝"有"到"、"在"、"被"、"把"等义，在句中如何用一目了然。表示动作重复，除了在谓语前面加副词"再"作为状语，有时还在句尾附加"添"来表示。

日常口语交流是产生徽州土语、俚语、谚语的源泉之一，也是徽州方言词汇创造的源泉。徽州方言有汉语词典上没有或日常很少见到的字、词、词组。这些生僻字、词语，只要说得明白，听得形象，多人接受，便可在一定区域流传开来。

徽州方言作为一种徽州文化元素，是徽州文化的主要载体，失去了这一载体，徽州文化就如同现在记录在古籍方志中，也由此从徽州方言中可以挖掘出许许多多古徽州远古文明的信息。

阅读链接

徽商足迹遍布全国各地，他们大部分时间都生活在经商的地方，其语言必然要受到当地的影响，尤其在词汇方面，受当地的影响更大。

徽商在回到家乡重操母语交际时自然地把外地语的种种现象、特征带入他们所使用的徽州方言中，从而又影响了整个徽州方言。所以，徽州人会说两种话，一种是当地的方言，用于本地人之间的交流。一种是近似普通话的官话，用于与外地人交谈。

徽商大多集中在江浙一带的吴语方言区域，吴语方言对徽州方言影响最大。徽州方言中，大量日常生活词汇都有吴语方言词汇。很多语音和语法都与现代吴语方言相类似。这也与徽商的传播是分不开的。